看見**特殊**，看見**潛能**（第二版）

特殊生教師家長貼心手冊

孟瑛如 著

│ 二版序 │

　　所謂「看見特殊，看見潛能」，是希望孩子能看見潛能、聚焦潛能、開發潛能，因為身心障礙孩子消失的可能只是聽力、視力、讀寫能力等，只要信心未消失，任何事情都是有可能的。但，要怎樣維持信心呢？所以才希望師長、父母及孩子的信念，是在看見自己特殊的同時，也看見潛能的所在，才能在限制之中，努力做最好的自己！

　　身心障礙孩子多數是偏才，是所謂「上帝關掉一扇門，必會為你開一扇窗」的最好見證。只是國外的特殊教育推展得早，求學及生涯制度暢通，身心障礙孩子因有均等的教育機會而能改變生活，能擁有尊嚴及自主的未來。除了在顯性障礙部分有名的海倫・凱勒等人外，發展最晚的隱性障礙（如學習障礙及情緒行為障礙），亦有遠者如牛頓、愛迪生、亨利・福特等，近者如湯姆・克魯斯、李光耀、魔術強森等。奧運游泳金牌選手菲爾普斯，更是善用自己為過動兒精力無窮的優勢，而成為非常成功的運動員。但若要從國內發掘成功的身心障礙者，就可能很不容易。有學生曾跟我開玩笑：「中國史上成功的身心障礙者，大概就只能找到晏子嬰及八仙過海中的鐵柺李！」而事實上，按照孩子特殊的本質，學習障礙者會是很好的歌星、演藝人員、廣告設計者、創意文學家、中小企業主、實務工作者等；注意力缺陷過動症會是天生的運動員、演藝人員、軍警人員、軟體遊戲設計師、觀光旅遊人員、推銷員等。

　　這幾年來，政府在特殊教育之推展頗見用心，適性與融合教

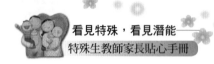

育之氛圍漸漸成形，筆者也因著這樣的氣氛，陸續在報章雜誌上寫了許多短文，而今集結成冊，希望能與大家分享一些想法。筆者不期望每位身心障礙者都能擁有成功的人生，但期望能在「看見特殊，看見潛能」的教育觀念下，每位身心障礙者都能擁有幸福、有成就感的人生！

孟瑛如

目次

第三篇 補救教學篇

第四篇　社會篇

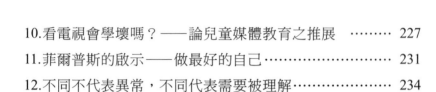

第一篇

父母教養篇

1 教養方法的萬靈藥？

「學習障礙」是統稱一群因神經心理異常，導致認知歷程成分（包括：注意、記憶、理解、推理、表達、知覺或知覺動作協調等能力）異常的問題者。學習障礙學生的主要外顯困難，表現在聽、說、讀、寫、算的課堂表現上，但其心理歷程的缺陷，卻往往不只包括學科方面，也包括發展方面的注意力、記憶力、思考、推理及表達等問題，例如：孩子的功課不好，有可能是因學業方面的障礙，也有可能是身心發展能力部分的問題；也就是說，有的學生須在被鑑定出來後施以學業上的補救教學，有的則須施以發展性補救教學，例如：注意力專注訓練、記憶策略訓練、思考力訓練及社會技能訓練等，以協助其學業的進步。

目前在一般資源班中的補救教學，多偏向學業性補救教學，而較忽略發展性補救教學，這不僅是師資養成部分的問題，也是社會價值觀較重視學業成就，希望盡速看到學業成績的提昇，通常無法忍耐需要費時較久才能看到效果的發展性補救教學，也較無法容忍教師在教室中，從事不符學業進度與內容的補救教學。

除了現行補救教學方式的偏頗之外，學習障礙學生的高異質性，也會為補救教學方式的選擇帶來困擾，甚至為家長及老師帶來無所適從之感。有些孩子是智商能力和實際成就間的差距，也就是說，其智力測驗分數為正常或以上，但學業成就卻可能是班上最後幾名；有些孩子則是智商能力間的差距，有可能是操作或

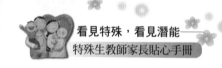

空間部分的智商能力很好，但語文部分的智商能力卻很差，而在現今課堂表現大多需依賴語文能力的情形下，往往會影響學業上的整體表現；部分孩子是同一智商能力內不同成分間的差距，例如：同為語文智商，有可能常識能力很好，然而語文理解能力卻很差；另有些孩子會呈現學業成就科目間或同一科目不同成分間的差距，例如：國語跟數學科間的成就差距極明顯，或是國語科部分，可以認字並讀字，卻無法理解字義；還有些孩子會呈現不同評量方式間的差距，例如：填充與選擇題間表現的差距。

　　學障學生的異質性是如此之高，而教師養成體系在面對這類學生的補救教學訓練準備，卻是如此不足，故而在面對家長與教師時，我最常面對的問題是：「有沒有哪一種教法，是公認對學障學生最有效的教學法？」通常我只能無奈的搖頭，學障補救教學是沒有單一萬靈藥可尋的，但「愛」與「正確的教育信念」卻是尋求正確教學法的不二法門。學障的補救教學法繁多，只要我們能秉持愛學生的信念，相信沒有教不會的學生，即使甲方法行不通，我們可以試試乙方法，在以「愛」為主軸的情形下，終有一天，最適合孩子的適性教育萬靈藥會出現！

2 學習障礙只能克服，無法逃避

　　浩正是個敏感善良的學障孩子，他是個典型的閱讀障礙伴隨書寫障礙。在他升上國中後，隨著愈來愈大的升學壓力，讓每次我們的見面會談氣氛也日趨沉重；他因無法正確書寫及閱讀，作文課對他而言簡直如同酷刑，然而我卻一直覺得他在纖細多感的心中，一定有許多東西要表達。

　　在我建議他的國文老師先讓他用錄音方式「講述」作文，以取代真正寫作後，我「聽見」了浩正描述自己的作文，那是被封閉在障礙的學習管道中美麗靈魂的吶喊，用詞是這樣的優美，聽來的感覺卻是如此神傷！錄音帶裡傳來浩正平靜，但略帶羞澀的聲音：

　　「我是一個活在競爭激烈的社會卻全無競爭武器的人，

　　別人說話的真義，我常聽不懂，

　　別人寫的字，我常會錯意，

　　我想表達的意思，也常遭誤解，

　　我是個被剝奪掉競爭武器的人，

　　而我必須這樣過一輩子！」

　　想到浩正在求學路上的辛苦，想到他的父母一直無法接受他是個學障兒，不肯簽入班同意書，使得他無法如其他有學習障礙的孩子一般，進入資源班接受專業的協助，以建立自己的適性學

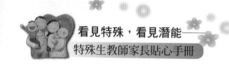

習管道；想到他年紀漸大，可以實施適性補救教學的黃金時間正一點一滴流失，我真是心如刀割！

根據 2013 年教育部《特殊教育統計年報》指出，台灣地區學齡人口學習障礙學生人數有 26,453 人，占身心障礙學生類學生的 26.4%，人數高居第一位，而這幾年學習障礙鑑定通過人數則皆為身心障礙學生的第二位；若按國外學習障礙學生數一般占全體學生數的 3%～6%來推估，數目當不只於此，可見仍有許多的學習障礙學生，是未被鑑定出或未被適當安置的。因學習障礙為內隱型障礙，在外觀上與常人無異，故而其學業與適應上的問題常遭忽略，甚至常被認為是努力不夠。而事實上，學習障礙學生若未能接受適切的特殊教育教學輔導，找到屬於自己的學習管道，單憑努力是不夠的，家長拒絕正視自己孩子的問題，反會衍生孩子在學習過程的更多問題，浩正的父母正是這類典型。

看到書桌上另一位學障學生送我的話：

「也許今天的我看起來像麻煩製造者，
但給我好的教育，
給我包容的心，
我將會是明天的天使！」

我決定再給浩正的父母打一次電話，只想告訴他們學習障礙的問題是只能克服，無法逃避的！請給浩正適性教育的機會，以釋放他心中美好的天使，也願浩正能藉此擁有屬於自己的競爭武器！

3 深入瞭解才能真正關懷

　　在母親節前一星期的諮詢時間裡，我見到了一位非常傷心的母親，聽到了一個令人難受，但卻在學障領域裡相當普遍的相似故事。

　　淑美是位相當成功的主管，令眾人欣羨的婚姻卻在兒子小剛的成長過程中，逐漸褪色。小剛自小承受著父母相當高的期望，但卻在寫字及閱讀上有著極大的困難。淑美為此被責備過於重視事業而忽視孩子，婆家不諒解她，在與先生數度爭執後，精疲力盡的淑美選擇放棄高薪回歸家庭，她也才慢慢瞭解，原來小剛的問題是所謂的學習障礙，而台灣在這部分的資源，才正在起步中。

　　不被接納的委屈憤怒與心疼孩子的無力感，交織成複雜的情緒，淑美說：「我不要每年在母親節，收到政府無用的康乃馨，我要他們為我的孩子提供義務教育下的有效教學！」

　　在身心障礙族群中，屬於隱性障礙的學習障礙，可能是最吃虧者之一；正如同有著嚴重數位落差的今日世界，能自由使用電腦與無法使用電腦者，其之間享有資源的落差日益擴大，但卻不易被察覺。有好的教育體系支持，與沒有好的教育體系支持，會使智力正常、充滿潛能卻不能經由正常管道學習的孩子未來，形成「差一點就差很多」的情形；然而這種落差，也是在不易察覺的日積月累情形下形成。

　　特殊教育常被視為無經濟效益，因為再怎麼教，孩子潛能進

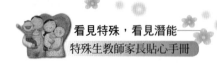
步的空間似乎有限；其實，投資在特殊教育的回收，事實上是很大的！如果，眼前能花少許經費來教育學習障礙兒童，日後就可以省下這些孩子因為遭受學習挫折，所導致行為偏差之後的蓋監獄、進療養院，以及補助各類受害者的大筆經費。而且有可能會造就出如同有閱讀障礙的新加坡前總理李光耀，以及好萊塢巨星湯姆‧克魯斯、奧蘭多‧布魯等有成就者；這些人在他們自己的領域上，對世界亦做出獨特的貢獻。

其實，就連平常所認為的智能障礙學生，他們也是屬於教育經濟學裡邊際效益很高的一群。把智能障礙的孩子教到可以獨立生活，以最低工資每月新台幣約 19,047 元計算，至少可以為社會創造 19,047（元）×12（月）×50（年）的經濟效益，這還不包括他的父母因有支持系統而得以保存婚姻，或是手足可以在正常環境成長等邊際效益。

教學時的判斷往往是即時的，然而教學的「即時錯誤」卻往往無立即危險，且證據常會稍縱即逝，故而教師在第一現場的第一時間，若能做出最正確的專業判斷，乃是學生之福！但因不瞭解，往往使得看來正常卻無法適應一般學習環境的學障孩子，會被認為是愚笨或懶惰的學生。《天下雜誌》所推出「319 鄉向前行」的前言中提到：「由於不瞭解，自然不會關懷。」這提醒了我們，縱使身處藍天綠野、世外桃源，也可能只會覺得腳底的泥巴污穢不堪，然而觀念一轉，卻可能有截然不同的結果，就如同身處沙漠中，你是看見滿天繁星？還是只見到遍地黃沙？

縱使協助學障孩子開發潛能，可能是最具邊際效益的教育投資，但也許我們還是會自問：「為何需要協助他們開發潛能？」

我曾閱讀過企業經營中的電梯理論：「企業經營就像搭電梯，一味壓低成本，頂多降到地下室就不能動，但向上的利潤空間則是無限寬廣。」

　　師範校院體系及師資培育中心，在近幾年來已將三學分的「特殊教育導論」列為必修，教育部特教小組亦協助設有特教與資源班級的各校，設置特殊教育推行委員會，以作為行政體系、特教班、資源班、普通班及家長間的溝通管道，處理篩選、鑑定、安置、教學、輔導、回歸等相關問題；有溝通管道才能深入瞭解，深入瞭解也才能真正關懷。期待不再看到因不瞭解，而受到誤解的學障孩子，也盼望看到學障孩子在找到自己的潛能學習管道後，所散發出的光與熱！

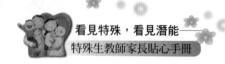

4 有條件的愛？

　　國一的昭廷有著嚴重的閱讀障礙問題，致使他的學科成績異常低落，然而他卻有著一顆善感的心。

　　在媽媽叨叨絮絮感嘆自己不幸生到有缺陷的孩子時，只見他不知該如何是好的，以手指輕撫媽媽的手臂，低聲說：「媽媽，對不起！」少見的早熟與貼心，令我有一絲訝異！隨後在個別談話時，昭廷的敏感更令我心疼！

　　他說：「老師，您聽過張惠妹的歌——『真實』嗎？」有點弄不清是哪一首歌的我，只好搖搖頭，他接著說：「裡面有一句歌詞：『原來容忍不需要天份，只要愛錯一個人！』我也才知道包容與忍耐不必學習，只要你生錯一個孩子。老師你猜，如果媽媽當時知道我是學障，還會生我嗎？」

　　每一個人都是有價值的，但我們常常被自己的問題困住了，例如：學業成績不好的孩子，就不可能成功嗎？如果我們給予孩子是有條件的愛，那麼孩子在達不到你所設定的標準時，可能便會覺得自己是無價值的人；當這個概念根深蒂固後，孩子也就會自我設限，離成功愈來愈遠了。而事實上，一個人在某一方面做得不好，可能在另一方面卻做得很出色；不符傳統成就標準的學障孩子，比一般孩子更需發現並開發自己的潛能，才能獲致日後的成功。人在十八歲以前，幾乎 80%的清醒時間，都是在家庭的直接影響下度過，孩子會在家庭成員的眼中找尋自我，在這期間，

如果父母一方面期許孩子的成功，一方面卻給予有條件的愛，讓他學會只看到自己的問題，卻看不到自己的價值，那麼不利於他成功的傷害，就會慢慢造成了！

　　許多學障孩子的父母，常覺得自己是最不幸的，因為自己生到這樣的孩子。然而，如果我們仔細想一想，是不是只有我們才有教養孩子的問題呢？我請昭廷的媽媽：(1)列出她所認識的五個人，包含她自己在內；(2)在每一個人名字旁邊，列出自己認為他們的教養困擾或問題；(3)他們是如何處理自己的問題；(4)困擾或問題的真相為何。如果我們能誠實面對問題，協助孩子運用自己的潛能來解決問題，那麼才能打開機會之門，甚至在必要的時候，把腳擠進門裡，讓門開得更大！

5 愛他，就是從他的立場去想
——談父母的合理期望

常在進行個案諮詢時，聽到如下的回話：「我對我孩子的成績要求很低，只要他成績不要掉出全班前三分之一就好了！」、「我對我的孩子一無所求，只要他的數學能及格就好了！」、「我實在不敢要求我的孩子有多好，只要他能像我以前一樣知道發奮向上就好了！」甚至還遇過一位可愛的家長，在電話諮詢時，堅稱他的孩子一定有學習障礙，因為源自同父母，在基因相同的情形下，何以哥哥只需回家稍微念點書，即可維持前三名，而弟弟非常用功，成績卻常常僅在十名左右浮浮沉沉，所以認定弟弟一定是有學習障礙的問題。而這位家長的說辭則是：「我從來不敢勉強他念得多好，只要他能像哥哥一樣，我就心滿意足了！」

前述的「一無所求」、「要求很低」、「不敢要求」等字眼，其實只是裝飾詞，裝飾詞後面的「只要」敘述，才是父母真正的要求；而這些要求往往是由自己立場想當然爾所設定的絕對標準，而非由孩子立場出發所設定的相對標準。於是「只要你做到……」的絕對要求，便常成為許多學障兒童的痛苦來源。

正如同父母期待自己的孩子在校是個好學生，每一個孩子基本上在剛入學時都是想要當個好學生的；然而或因資質，或因環境，或因學習型態與教師的教學風格不符等原因，漸漸在學習上出現挫折感與無力感，當出現學習的無助感情形時，也就慢慢的

跟所謂的成就動機疏離了。父母應在此時學習調整自己的期望，並協助孩子找出自己的學習管道；或是學會去看孩子功課以外的其他優點，例如：多數學障孩子在語文學習方面會有困擾，進而影響數學應用題方面的學習，造成他們在學習上極大的挫折感，然而屬於操作能力的學習則往往是他們的天下。孩子不一定進大學才會有好的學習，有時技職體系偏重實務操作的學習方法，反倒讓這些孩子如魚得水。

　　常在諮詢時詢問父母：「您的孩子除了功課不好外，是否還有其他問題？」這時往往家長會很快回答：「沒有！」當我開始誘導他們去思索孩子的優點，例如：貼心、乖巧、繪畫能力等時，同時期盼家長能接受「人各有材，而不必是全材」的觀念，進而能對自己的孩子有合理的期望；也讓其明白在這混亂的社會，能擁有乖巧的孩子，就是種福氣。許多家長會在此時，出現若有所思的表情，也許當他們開始用不同眼光去看自己的孩子時，家長與孩子都可在合理期望的目標下，找到共同努力的方向。然而有些家長的最後結論可能還是：「如果沒有好的成績，談什麼都是多餘的！」於是我們可以想像，過度期望的父母與無成就動機的孩子相處，會是怎樣的一份煎熬！

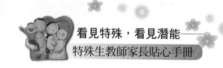
6 孩子可以比你想的更專心

　　小亮的媽媽向我抱怨：「老師，您常說孩子專心風格是天生的，要我們順應孩子的專心風格，可是我們家小亮就是那種點不亮的孩子，每天丟三落四，作業如果我不盯，就可以從下午放學寫到三更半夜，這種風格叫我怎麼順應？」看到小亮的媽媽因激動而漲紅的臉，可以想見她在教導孩子功課的過程中，一定是辛苦異常。若爸媽都是工作很忙的人，晚上回家時再面對這樣的狀況，更容易因疲倦而失去耐性，產生惡性循環的失控狀況！

　　在現今事事強調速度、立即與未來的流行文化，身處充滿聲色刺激和鎮日忙碌的生活，點點滴滴都在腐蝕這一代孩子的專注力。不論現在所強調的是激發潛能，或是適度調教的教養技巧，其實大多數的父母與教師都明白，孩子是帶著自己的獨特氣質來到世界上的，孩子是怎樣的個體，有時實在不是我們所能左右，而與其忽視或壓抑他生而具有的氣質，倒不如運用好的教養技巧去循循善誘，加強他本性中善的一面與未來解決問題的能力；我們應該要明白，孩子的專心風格雖是天生的，但專心技巧卻是可以教導的，專注力也是可以改善的，尤其若能順應其先天的專心風格去做專心技巧的指導，必然能在事半功倍的情形下，協助孩子建立屬於自己的學習管道。專心技巧的訓練大致可分為三個部分：一為排除孩子的注意力問題；二為尋找與建立孩子的專心風格；三為訓練孩子操控自己的專注力（二、三兩點，待下篇再談）。

一、排除孩子的注意力問題

不能專心的孩子，常會在注意力方面呈現四種常見的問題與特徵：

1. 注意力渙散

注意力渙散的孩子常會伴隨著過動現象，易受小事干擾而分心，思想衝動且健忘，厭惡認知學習上需要持續專心的活動。

2. 注意力不足

注意力不足的孩子常會伴隨著退縮與行動遲緩的現象，做事速度很慢，常需花很長時間去完成一件很簡單的事。

3. 注意力短暫

注意力短暫的孩子常會伴隨著疲累與分心的現象，做一件事常需分多次完成，易過度注重小細節，以致常被過多不必要的細節誤導。

4. 注意力固執

注意力固執的孩子常會伴隨著固執行為現象，會在上課或做功課時，只專注自己的固執行為，例如：玩衣領、亂塗鴉等，以致未能如期完成工作。也常會在考試時不由自主的重複唸同一個字或句子，浪費許多作答時間，更會因某一題答不出而「卡」住，留下一大堆未作答的空白題。

這些注意力有問題的孩子，容易被家長或老師抱怨：「每次做事總是丟三落四，該忘的一定忘，不該忘的也會忘！」、「作業可以從下午五點寫到晚上十二點，弄得我常情緒失控！」、「為

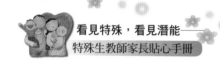
什麼他無法獨立完成任何功課上的事，常要我左叮嚀右叮嚀的！」難以獨立完成工作，時時需要他人在旁督促，是這些孩子的典型特徵，卻因此常惹得家長或老師生活秩序大亂、疲累不堪！其實使用些學習步驟或工作分析的小技巧幫助他們，便可以大大改善其注意力的問題，並協助其獨立完成工作！在剛開始教導時，我們一定要能抱持溫和但堅持的態度，控制自己的情緒，因忍得過只需忍一時，若忍不過便可能要忍一輩子！

孩子有時無法獨立完成工作，常是因為大人給的指令太快、太多或是過於含糊，使得有問題卻不知如何開口問，導致無法獨立完成工作成了常態。只要我們能說得慢一點、簡單一點、具體一點、正向一點，並且示範多一點，很多孩子便會學習慢慢的獨立完成工作。我們可以：

1.針對年紀稍長且注意力渙散的孩子，可以用條列式的方式交代孩子工作，並以文字、注音或圖畫說明如何完成各項工作步驟，讓孩子可依說明步驟執行。若是年紀小一點的孩子，則可給予完整的流程圖，讓孩子依步驟做事，完成後，再給予鼓勵。一段練習時間之後再慢慢加深工作的難度。

2.針對注意力不足的孩子，則可把工作簡化成幾個步驟，示範給孩子看之後，要求他自行逐步操作一次。在完成每一個小步驟後，均可視情形給予獎勵，同時應邊操作邊提示口訣或重點，以達到大人藉由發聲思考方式協助其完成工作的目的。

3.訓練注意力短暫的孩子，可將工作分成更小的部分，然後要求孩子一步一步的完成工作，並給予適度休息，例如：將作業分成若干小部分，要求孩子十五分鐘內要完成第一部分，若有達到

目標，則可休息五分鐘，之後再繼續第二部分。

4.為引起動機，針對注意力固執的孩子，可逐步訓練其獨立完成工作的能力，可將工作中最簡單的部分留給孩子獨立完成，之後逐漸增加他獨立作業的時間。過程中應注重轉移「固執源」（指會讓孩子注意力集中其上，卻非合時合地合宜的行為或物品），建立新行為的原則，例如：喜玩衣領的孩子，可儘量穿著圓領的衣服以減少其玩衣領的行為；喜亂塗鴉者，可要求其手放背後上課，或是兩手抓握課本，以課本立著的姿勢念書，使其不能用手塗鴉，或是因課本立著而增加塗鴉的困難度，進而增加專心聽課的新行為；會在考試時因某一題答不出而「卡」住者，可要求其建立在不會做答的題目上劃記，即可接著做下一題的習慣，使劃記行為暫代其固執行為，以利考試作答行為的流暢性。

在進行這些步驟前，別忘了跟孩子討論獨立工作的重要性與成就感，給予一定的信任，學會用鼓勵的眼光去看待孩子跨出屬於自己的每一步。有時無法放手或事事要求完美，反而在累壞大人之餘，無形中也剝奪了孩子的學習機會；試試以上的小步驟，或許你與孩子都能同時體會「獨立」的驚喜呢！

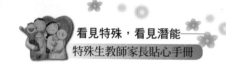

7 發掘孩子心中的專心小天使

前一篇文章已提過孩子的專心風格雖是天生的，但專心技巧卻是可教導的，專注力也是可以改善的。尤其若能順應其先天的專心風格去做專心技巧的指導，必能在事半功倍的情形下，協助孩子建立屬於自己的學習管道。在討論了如何排除孩子的注意力問題後，以下將討論如何尋找與建立孩子的專心風格及如何訓練孩子操控自己的專注力。

一、尋找與建立孩子的專心風格

學習首重專心，其次才是各種學習策略的運用。若排除上一篇文章所敘述的注意力與指令問題，我建議應先由孩子的專心風格發掘開始做起。

專心最重要的是，能夠讓孩子自己主導和維持對某件事的專注，這將左右學習效率和成果。在專心的天生風格上，有些孩子是屬於慢溫型，要他專心沒問題，但在進入專心前的靜心程序可能得耗上大半天，作功課前要東摸西摸，總要等到最後一秒，才能寫完作業或文思泉湧的完成報告；有些孩子則有多種專心風格，專心度呈現兩極化典型，依照當時的環境、心情、喜好和身體狀況而定，專心的時候可以非常專心，但不想專心的時候，你幾乎拿他沒辦法；而有些孩子則是屬於妥適型的，雖然也有不專心的時候，但程度上大都屬於我們可以接受的。要注意的是，順應而

非對抗孩子的專心風格，只要孩子能用他最適合的方法，在不妨礙別人的情形下完成自己的工作，我們都應予以支持。

在建立屬於孩子自己的專心風格上，我們可以：

1. 尋找孩子的專心風格

有些孩子需中規中矩安靜做事，有些孩子動來動去比較容易專心，有的孩子偏好在音樂流瀉的環境中做事，而有的孩子則要獨自一人才能做事，也有的孩子是人愈多愈起勁。家長若能不堅持自己規定的做事方式，而允許孩子在建立專心風格中做實驗，孩子必定會表現的比你想像得好，例如：若能證明其實聽音樂會讓他工作時更有效率，只要不妨礙別人，其實是可以接受的。

2. 尋找孩子每日最易專心的時刻

有的孩子是在早上，有的孩子在剛吃完東西時，有的孩子是在獨處，不可以有朋友在一旁時，有的孩子則是在享有小小的成就感時，選擇這些孩子最易專心的時候，會使孩子較容易接受你的建議。我們可採取至少兩星期以上客觀的的觀察與記錄，也可由孩子自己建議與訂定讀書時間。在建立每天固定的讀書時間習慣上，家長應盡可能想辦法予以尊重，例如：盡可能不任意打斷固定的讀書時間，或是在週一至週五，盡可能不外食，以免回家時間不一致；若是放學後另有課輔，或需學習才藝的孩子，則可因應原有課輔及才藝上課時間，採取固定時間但不固定時段之方法進行。同時也建議，建立每日固定讀書時間習慣者，在時間上應採半小時為標準，漸次延長方式，讓原本不習慣專心的孩子，可以有緩衝調整空間；同時若在執行遇到瓶頸時，也別忘了給予孩子緩衝的休息時間，週末假日更應給予固定的休閒時間，以利孩

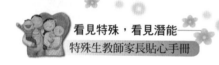
子儲存再出發的動力。

3. **尋找孩子專心的管道**

(1) 有的孩子適合用聽覺學習，所以需不斷地有口語或其他聽覺提示，事情除了仔細講解外，最好能與孩子設定簡短的關鍵字口訣，例如：對做事衝動但適合聽覺理解學習的孩子，可在提示其做事時，以「停、想、選、做」四字口訣提醒孩子，讓其覺得自己快胡亂下決定前，可先停止所有行動，讓自己能冷靜想一想並選擇可行的方法，再開始動手做。

(2) 有的孩子需要視覺的提示，所以需要以圖形、文字、手勢、肢體動作或其他視覺提示，可與孩子設定固定的圖形、手勢或關鍵字提示，做任何說明時需以肢體動作輔助說明，例如：在孩子書桌上可放置整理盒，標示紅色為「待完成」，藍色為「已完成」，協助其瞭解尚有多少工作未做完；針對容易忘記帶需用物品到校的孩子，家中書桌前可貼：「睡覺前請按聯絡簿整理好書包」，家門的鞋櫃前可貼：「請再確認應帶物品」；在班上亦可以用紅綠燈般大的紅及綠色圓形紙板，以貼在黑板上呈現的方式提醒孩子，紅燈（紅色圓形紙板）時應保持安靜，綠燈（綠色圓形紙板）時可放鬆或參與討論。

(3) 有些孩子則需依賴動作演練才能專心，所以最好能逐步操練或陪他動手做一遍。選擇孩子適合的管道，才能使孩子在專心度的練習上能事半功倍。

(4) 有些孩子在做自己喜歡的事情時，會非常專心，但其餘時間則會呈現消極抵抗，動作慢吞吞的情形；教師及家長可先檢

視，是否有其他會引起孩子消極抵制做某些事情的外在因素，例如：對某種教法或管教方式接受度低、畏懼特定對象等；若無前述原因，則可以設計以其喜歡的方式或事情，來提昇孩子在平日較不喜好事情上的專心度，例如：孩子喜歡坊間的遊戲王牌，卻不喜歡算數學的加減乘除，我們可以用算遊戲王牌中的戰鬥力與防禦力的方式，來教其運算加減乘除；孩子喜歡玩大富翁卻不喜歡寫功課，我們可以將原來大富翁中，走到民族路需花多少錢買的形式，改為需以習作上兩行生字來換的方式，以此類推，將原需以錢幣交換的方式，全取代為數學或語文作業的份量；因此，孩子可能因想玩大富翁遊戲，而必須先完成作業，或是在玩的過程中必須暫停下來寫作業。大人若陪玩，也可以自訂自己的作業或工作，以取代原有的錢幣交換制度，但以少量多次為原則，方能不打斷遊戲進程及維持遊戲樂趣。孩子喜歡玩電腦遊戲卻不想完成暑假圖畫作業，若請他畫電腦遊戲中的人物，也許可以很快提昇其動機與專心度。

4. 讚美孩子的專心，而不僅只是關注孩子的成就

讚美孩子是一門學問，當孩子表現好時，請別僅注意他的成就結果，而更應看到過程中他所付出的專心與努力，更可藉此讓孩子瞭解，成就與專心兩者之間的關聯性。所以如果今天孩子能比昨天有更長的專心時間，就算成績一時不能看到成果，亦應予以鼓勵，因學業成績有時是種「絕對而非相對」的分數，若跟孩子一生所需努力工作的時間長度看來，一時的成績真的不能代表什麼，但訓練之後，對自己與工作的專注與認真，卻是可以受用

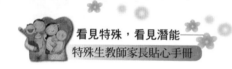
一輩子的生活態度，家長千萬不要因短暫與絕對的成就要求而不斷責備孩子，如此反而會讓孩子因習得的無助感而讓學習動機消失。

二、訓練孩子操控自己的專注力

如果孩子的專心風格是非常明顯的，那我們在教導孩子提昇專注技巧時，可注意以下三項原則：

1. 瞭解自己並正確表達

教導孩子注意自己在無法專心時，身體會出現哪些徵兆，例如：坐立難安、四處張望、提不起勁或聽而不聞等；在大人的適當輔導後，孩子多半能提昇自我意識，慢慢自行辨識這些徵兆。然而，單能辨識這些身體徵兆還不夠，孩子要能學會正確表達他所遇到無法專注的麻煩，並進而尋求協助，例如：「我好像快沒辦法專心了，可不可以請你再說一遍」或「我不斷分神而且抓不到重點，可不可以請你說慢一點」等，可以讓旁人在關鍵時刻正確協助他。

2. 找對方法並確實執行

孩子在能瞭解自己並得到大人協助後，才能在輔導下採取適當的行為，重拾專注力。可以請孩子先告訴你，事情的重點與可能的執行步驟，以利其分辨事情的輕重緩急、合理劃分工作，以及選擇或布置適當的學習環境，這些都是找對方法的重要教導原則。

3. 檢討並修正

孩子不可能一下子就做得很好，甚至會缺乏執行力或產生眼高手低的現象。所以大人的支持與瞭解，能陪著孩子檢視執行的過程，並給予修正的建議，是引導他愈做愈好，朝向目標的不二

法門。

　　許多在平日忙於工作的家長，可能會覺得無法陪孩子走過這段訓練的過程，而希望能由別人代勞，但只要有心，父母會是最好的專心技巧訓練者，同時在發掘孩子心中的專心小天使後，才是真正給予我們的寶貝一生學習的重要利器！

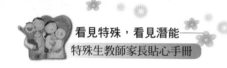
8 父母的壓力管理

現今台灣三、四十歲的一代，多處於上有年老父母，下有年幼子女需照顧，經濟狀況未十分穩定，夫妻皆須工作的高壓力狀態。若在此時再有惱人的孩子教養問題無法解決，往往便會成為婚姻問題的引爆點。學障兒童的問題在「萬般皆下品，唯有讀書高」的台灣，更易使父母感到「極度壓力」，在壓力過大的情形下，便很難扮演好父母的角色，甚而造成父母教養功能的瓦解。故而有時在處理學障學生問題時，其父母的壓力管理亦應同時列入考慮。

至翰與莉莉為雙薪家庭，生活相當緊湊忙碌。在他們的八歲獨子被醫院兒童心智科鑑定為閱讀障礙後，來找我諮商，希望能得到教養上的建議。然而，每次談話總是只有莉莉出現，她一方面體諒的說至翰太忙，一方面花許多時間抱怨至翰是個「裝飾用」的丈夫——自己要工作、負擔大部分家務、處理孩子問題，「簡直是單親媽媽」；至翰回家時，只會做五件事——看電視、看報紙、玩電腦、吃飯、睡覺。當孩子出現問題後，他們的爭吵次數愈來愈多，有幾次都已提到了「離婚」字眼。我一面遞面紙給紅了眼眶的莉莉，一面決定親自打電話給至翰，邀他們一起來面談。

工作、休閒跟愛，應是人生三大主要課題。過度工作而無休閒娛樂和機會來享受愛，來平衡生活步調，便會使自己經常處在壓力狀態中；故而有效能的父母，必須重視愛與休閒，這也是為

何一般普遍認為，父母需要提供量多且質精的時間來和小孩相處。

　　而在忙碌的生活中，如何創造時間並靈活運用與小孩相處？首先，應澄清個人價值觀，並決定哪些活動是最重要且值得花費時間，這是跨入該課題的第一步。我要求至翰與莉莉分別完成兩個問題：(1)列出自己認為重要且值得花時間從事的活動，並依重要性排序；(2)列出實際上自己每週平均花費在這些活動的時間，並依時間多寡排序。

　　他們倆人都將「與孩子相處」列在最重要活動的前幾位，但實際上花的時間卻不多。看他們互望對方，彷彿觸到問題焦點的神情；我明白，這會是一個他們願意開始作時間運用檢討與壓力管理的好契機，也許幾週後，我們能開始真正談到孩子閱讀障礙教養問題的處理。

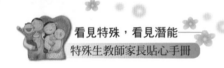
 **有快樂的父母，才有快樂的孩子**

　　通常父母在等待新生寶寶降臨的過程中，往往是充滿了喜悅，只關心未來寶寶的性別，而不曾想到自己會生下有缺陷的寶寶。所以多數身心障礙者的父母，在初次得知自己的孩子是有缺陷的時候，往往會歷經四個階段的情緒折磨。通常在初次被知會時，許多家長會有無法置信的否認心理，可能就會帶著孩子作遍各種鑑定，直到所有鑑定都述說同一結果，家長便會陷入憤怒的情緒中，不斷自問：「為何是我？」憤怒到極點後，可能會淪於傷心，心想：「真的是我！」這時有可能會自責，有可能會尋求相關的人或事怪罪，以減輕罪惡感，有些家長會一直停留在此階段，有些家長則在認清事實後，能勇敢走出並尋求協助。

　　學習障礙因是隱性障礙，孩子的外表看起來與正常人無異，但其缺陷表現往往在，台灣社會價值觀極其重視，甚或用以評斷父母教養能力好壞與否的課堂學業表現上，因而使得許多學障孩子的父母，在孩子開始團體學習生活後，便開始夢魘連連。

　　我因工作的關係，在每週諮詢時間，常遇到許多自責或沮喪的家長——情緒焦慮、無法控制對孩子的怒氣、怨恨配偶、怪罪環境等，這還是最普遍且輕微的；有些家長甚至會因長期的精神壓力，而伴隨「精神官能症」。我曾遇過住在公寓的家長，每天早上在面向中庭晾衣服時，看著別家的小孩快樂上學的身影，想到自己無力應付課業的學障孩子，便哭泣不止。也遇過一位被診

斷為「恐慌症」的家長，因花了較長的時間才約到我的諮詢時段，而使她頗為焦慮，故而幾乎一天要數次電話提醒我要記得諮詢時間；後來發生不幸的九二一地震，她便憂慮「我們見面的那天，萬一新竹發生地震怎麼辦？」所以總要不斷電詢：「萬一新竹發生地震，我們還會見面嗎？」我答：「會！」她還會接著追問：「如果諮詢室震垮了，我們要在哪裡見面？」我一再保證見面的確定性，甚至最後只得保證，就算諮詢那天發生戰爭，我也會如期跟她見面。

　　不快樂的父母，無法面對問題、解決困擾的父母，是無法帶給孩子快樂的；看不見孩子除了課業之外的其他優點，甚至以自己孩子為恥的父母，通常很難要求別人看見自己孩子的優點與潛能。學障的孩子更需要快樂的父母，能協助他面對問題，找到自己學習管道的父母。如果能找到並建立適合自己的學習管道，他們的發展將與一般正常孩子無異，甚或更好；所以下次再抱怨或是生氣時，別忘了有快樂的父母，才有快樂的孩子，也才能靜心解決問題喔！

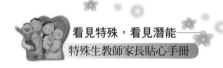

10 用孩子能接受的方式去愛

　　很難忘記那個特殊的早上，一早進研究室便接到成華爸爸的來電，電話中他不斷道謝我曾經對成華所做的一些學習技巧的設計與建議，他難掩驕傲的在電話中告訴我：「教授，您知道嗎？他考上南部的○○技術學院了！我不知道該怎麼謝您！他阿姨剛好住附近，我還以為他考不上任何學校了！」成華爸爸興奮得有點語無倫次，雖然技術學院的名稱我不是十分熟悉，然而我能充分感受他的開心！

　　成華爸爸的電話才掛斷，電話鈴聲像約好似的隨即響起，這次是明德爸爸打來的，他在電話中非常沮喪的告訴我：「明德考上○○大學植物病蟲害系，連續兩年都沒上醫學系，我們全家連親戚都是當醫生的，這下我怎麼出去見人啊！」我好言勸慰他：「植物病蟲害系將來畢業也可以當醫生啊！明德將來治樹，你們治人，不也挺好的嗎？」明德爸爸只回了我一句：「你不會明白的！」

　　成華是個記憶廣度極低的學障孩子，致使他在學習過程中，花了比別人更多的心血，但回報卻往往不成比例，他的爸爸在一次南部演講的場合中認識了我，從此便常通電話談論各種記憶策略的教學技巧；甚至當我再次到南部時，他帶著成華的老師來找我，不斷地告訴我成華的進步，他憨厚開朗的笑容，有如南部耀眼的陽光。

　　相對的，明德是個少見的資優學障孩子，他的數理極佳，卻痛恨閱讀及記憶，因家境極佳，幾乎各種家人覺得有益的，都會花錢強迫他學，但他深愛的模型組裝卻被認為會影響學業，而得自己偷偷摸摸存錢買，組裝好也只能寄放同學家。甚至因全家都從醫，父母將他的聯考志願也早早決定了。總記得他在聽我講一個通俗笑話時（笑話大意是：父母覺得自己以前沒錢可以學東西，有了孩子後，拚命賺錢強迫孩子學才藝，孩子在負荷過大、痛苦之餘，常期盼自己家何時會沒錢），嘴角笑過卻眼角微濕的無奈神情。

　　成華考上了非知名的技術學院，全家欣喜若狂，充分享受成功的喜悅；明德考上了知名大學，只因科系不如父母期望，家中如喪考妣。相信大部分的父母，皆非常疼愛自己的孩子，成華與明德爸爸對他們的愛想必也是相同的；但如果愛的方式少了鼓勵與尊重，有時候，父母的愛反而會傷了孩子！記得，唯有用孩子能接受的方式來愛他，孩子才能真正感受被愛的幸福！

第二篇

班級經營篇

學障孩子的生存妙招

「你考了很爛的成績，需家長簽名才能交給老師，該怎麼辦？」

考得很好，簽名當然不是問題，但如果考得很爛卻需要簽名，又不想讓家長責備，可就需要點小技巧了。在網路留言裡，自然會有許多曾有類似遭遇的難姐難妹或難兄難弟上來幫你出些歪主意，這些主意通常都是他們實際實行過的，故而似乎頗具實用性，例如：主意一：可在父母熄燈後約十分鐘，急如星火地拿著折好只露出簽名處的考卷敲父母房門，這時父母在將睡未睡之際，同時也已摘掉眼鏡，視線模糊，只要你一直說對不起，同時遞上筆，父母為求能儘快休息，通常會很快即簽，注意事項為：小心有失眠症或是事事一定要追根究底的父母；主意二：在父母送你上學時，先將考卷折好，只露出簽名處，一到校門口下車後，再緊急拍打門，要即將離去的父母迅速停車，這時後面等候的車會不耐煩的大按喇叭，爸媽對你遞過來的東西可能會連看也不看便簽了，注意事項為：小心後車 kiss 你父母的車；主意三：選擇在父母送你上學，將到校門的最後一個紅綠燈，在閃黃燈將變綠燈時，迅速遞上你折好的考卷，在交通顛峰萬車齊發的時刻，父母會很快地達成你想要的不可能任務，注意事項為：僅適用上學途中有紅綠燈者。

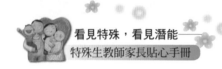

「假如很不幸的你是個學障者，而姊姊剛好是個資優生，你該如何在家中生存，並贏得父母的愛呢？」

這聽起來像是另一個不可能的任務，然而還是會有很多人幫你出主意，因為上帝有時就是愛開玩笑，有這種遭遇的，你絕不會是世上唯一的一個。主意一：除了吃飯以外，儘量避免跟資優姊姊同時出現在父母面前，以避免觸動父母神經的比較效益；主意二：絕不要跟資優姊姊學同樣的才藝，以避免自取其辱；主意三：資優姊姊之所以資優，一定要花許多時間去維持及表現她的資優，你要善用她不在的時間對父母噓寒問暖，最後爸媽的結論常會是：「姊姊只有功課好而已，哪像○○對我們這麼孝順！」

想知道以上這些稀奇古怪的主意是誰出的嗎？「LD online」（http://www.ldonline.org/）是個專為學障孩子設計的活潑網站，廣受美國學障孩子的歡迎，他們在上面大吐身為學障者的苦水，也交換各種生存技巧，教師及家長往往能從其中學得另類的觀點。擺脫學障的悲情，有一群人只是適用的學習方法不同，他們也是很認真發光發熱的活著！

2 動機與自信比策略更重要

　　小雄在學校中是個令老師頭疼的學生，自小父母離異，現跟著父親住，只是父親並無固定職業，且有酗酒的習慣，小雄因乏人照顧，身體常散發出異味。他在班上的人緣非常不好，學習態度很散漫，抄聯絡簿或是上課隨堂練習時，常邊寫邊玩，同學對其勸告時，他不是給別人一個巴掌，就是與同學嚴重爭執，或開始挑剔班上弱小同學的錯，以發洩怒氣。同學有時想他說話時，他的回答常讓別人驚愕，如：「你嘴好臭喔！」或「你放屁了嗎？怎麼那麼臭！」

　　他因無法識字及其行為偏差問題，而到了我這裡。第一次跟他面談時，因那天穿了一身黑衣，他就挑釁地斜眼對我說：「你家死人了喔！」但由他扭絞的雙手，我能深切感受他內心的不安，這是一個從小未被正確對待，因而不知如何正確待人，用刺蝟的外表來掩飾心中不安全感的小孩。想到他所可能受過的苦，使我心中頓時充滿憐惜，輕輕摟過他來，決心協助他說出心中原本想表達的意思：「你是不是因為要跟阿姨講話，所以覺得有點緊張？」也許他原本預期我會大發雷霆，沒想到卻是這樣的一句話。

　　小雄的識字困難應到資源班尋求特教老師的協助，只是他的攻擊行為讓老師很頭疼，根本無法進行教學。我於是請老師先不勉強他，只是要他每天中午到資源班，玩電腦或整理教具都可以，老師則在旁編製教材或批改作業。藉由成熟的權威體與安定的環

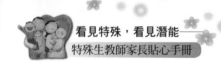

境，期盼能先引起小雄的學習動機，資源班老師無法置信我的建議：「就只要這樣？」我其實也不是很有把握，但覺得應該試試看，學習動機與自信才是能改變小雄命運的方法，於是篤定的回答：「就這樣！」

奇蹟真的發生了！小雄每天到資源班，慢慢對老師做的教具字卡產生興趣，我請老師將製作字卡與他的識字教學結合在一起，也要他幫忙劃重點、出考題，整理考卷。小雄只覺得由幫忙老師的過程中得到很大的成就感，卻也不知不覺學了很多東西。漸漸地，小雄的髒話也說得少了，還會幫忙維持秩序。這次月考，他破天荒的由以往不肯寫考卷，到考了 58 分。他興高采烈地揚著考卷告訴我：「怎麼樣？我很棒吧！」普通班老師見到他驚人的轉變，不斷詢問我們對他用了什麼策略，我們只能很無辜的搖頭說：「沒有！我們只是陪他而已！」是小雄自己的學習動機與自信改變了一切！

3 提昇學習自信

　　一般在班上會讓老師很苦惱的，可能是一些難相處、固執、攻擊性強、妥協性低，或是異常退縮、動作緩慢及學習適應性差的孩子；在過去的臨床經驗中，這些孩子的問題，往往比我們想像的要複雜多了，相同的行為表徵可能是由不同因素造成的，因此並沒有一體適用的方法來帶這些孩子。但通常若老師的專業直覺與包容心夠，懂得在正確的時間做正確的反應，遵循著我們前面文章中所提的多層次班級經營原則去做，孩子應會逐漸朝正向改變。

　　然而，老師在帶領孩子前進的過程中，常會因支持系統不足或是自己的信念等因素而中途放棄，最常聽到的抱怨是：「他的家長都不管他了，我又能怎樣呢？」、「全班有三十幾個人，我怎能只管他一個！」我們忽略了，小小的孩子在成長過程中，若已沒有家長的支持，老師會是他生命中唯一的貴人！全班有三十幾個人，但老師需要去做的原因是，他是班級經營過程中唯一的導火線！我之所以寫這篇文章的原因，是希望能跟大家一起從不同的角度，去看孩子的問題，以增進成人與孩子間正向的互動。在我的經驗中，最需要愛的孩子，往往會用最令人無法忍受的方法來尋求愛；最沒有安全感與自信的孩子，會常會是班上的「巴爾幹半島」（火藥庫的意思）！他們容易呈現放棄、拒絕、欺騙、搞怪、掌控、欺壓、否認及藉口等現象。所以問題最複雜的孩子，

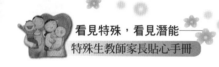

可以用最單純的方式，也就是提昇學習自信心以改變其行為，有學習自信心的孩子，才懂得愛自己與尊重他人。過往我們覺得一定要改變孩子的成長環境，才能改變孩子，現在我們的想法可能是，改變孩子的想法與行為以影響他成長的環境！

　　教育圈中常提到，提昇學習動機以提昇學習自信心，但甚少有人提到何謂「學習動機」？如何提昇學習動機與學習自信心？學習動機可分為三個成分來談，即價值成分、期望成分和情感成分：(1)價值成分（Can I do this task?）可解釋為，對工作表現的信心或判斷，受本身能力對於行為表現的影響，往往可從過去成敗的經驗中獲得，所以如果在孩子學習有困難時，採學習步驟分析或工作分析，將複雜的學習或工作過程分解成具體而易達成的步驟，則會增進孩子的學習動機；(2)期望成分（Why am I doing this work?）指出學習本身的興趣及重要性，所以協助孩子設定學習目標，將學習目標與生活化事務相結合，以讓孩子明瞭學習的重要性，是件可以提昇學習動機的事；(3)情感成分（How do I feel about this task?）則是，學習者於學習時的情緒反應，人們通常都是較喜歡愉悅感覺的，所以多元教學與遊戲式教學的寓教於樂方式，是可以提昇學習動機的。也就是說，學習活動中孩子愈清楚自己為何而學，過程愈具體可行，學習方法愈有趣味性，通常就愈能提昇學習動機。

　　只要孩子有學習動機，我們便可用下列方法漸次培養其學習自信心：

1. 培養責任感

　　讓孩子由自己做自己可以控制的事開始培養責任感，例如：

(1)讓孩子照顧比他低年級或能力差的孩子，事先需提示注意事項並徵得雙方同意；(2)讓孩子在明確規則下成為老師的小幫手，選擇的事情盡可能符合孩子的專長，就如同迷戀網咖而不愛念書的孩子，電腦便會是他的專長，我們可請他固定幫我們在電腦上打評量試題或是製作教材，一方面可提昇其學習自信，另一方面也是強迫學習；但在協助過程中，盡可能採時間短次數多的原則，使孩子經常會覺得你需要他；(3)讓孩子協助作家事，例如：收衣服、掃地及擺碗筷等，這會讓他們覺得自己是家的一份子。

2. 具體式稱讚

在稱讚孩子時，盡可能掌握具體原則，讓孩子能由你的稱讚中，具體再現正向行為，也就是盡可能：(1)採用完整語句（亦即語句中盡可能含人、事、時、地、物五要素）；(2)即時原則；(3)採用當事人喜歡的稱讚方式；(4)善用其他情境，以增強讚賞，例如：稱讚孩子：「你今天好棒！」是較廣泛式的稱讚，但若是：「敏敏今天好棒！作業十題全對！」、「敏敏今天好棒！掃地時會將椅子抬起，仔細掃乾淨！」如此的稱讚便會較具體，具體而正向的評價，通常會讓孩子覺得自己是與眾不同，進而產生深遠的影響！

3. 建立自我期望

先讓孩子學會自我要求，孩子在達成後才易建立自信，例如：教師可依孩子的能力限定時間與標準，但讓孩子自己決定作業的材料及完成的先後順序；在安全及經費足夠原則下讓孩子規劃自己的休閒時間；設定範圍及標準，讓孩子自己選擇要寫的作文題目；讓孩子先預期自己的考試成績並訂定複習計畫等。

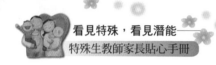

4. 學習處理失敗經驗

當孩子犯錯，學習如何處理錯誤及避免下次不再犯，要比被情緒性的字眼攻擊或是接受處罰更重要。與孩子分享自己的錯誤與處理失敗經驗，也有助於孩子提昇自己面對失敗經驗的能力，例如：在孩子開學的第一天，詢問孩子擔心這學期會犯錯及失敗的請舉手，老師也跟著舉手，由孩子擔心的事去跟他們談如何避免錯誤與處理失敗，同時將設定的班規在此機會中讓孩子內化。

5. 練習如何解決問題

讓孩子有選擇的機會去營造一個對他更友善的環境，以提昇學習自信；也就是辨識可能會導致孩子失控的特定情況，瞭解孩子的限制所在，調整教養方式的先後順序，並減少對孩子變通能力及挫折忍耐度的全面要求。當我們對孩子說出：「不行……」、「你必須……」、「你不能……」這些話語時，通常可能是會對孩子或他人造成立即危險的不良行為時，否則我們可多用：「你的想法是……」、「你的解決方法是……」，也就是在問話中多朝「如何做？」、「如何解決問題？」著手，例如：在孩子因不願意跟爸媽到購物中心買東西，而只想去看電影，鬧得整個週末非常不愉快時，我們要解決問題的對話可以是，師：「假如這個週末爸媽又想去購物中心，而你仍然想要去看電影，但爸媽跟你想要在一起，有什麼好辦法可以解決這個問題？」生：「我們可以去有電影院的購物中心！」師：「這是很好的建議，但萬一購物中心沒有電影院，該怎麼辦？」生：「我們可以星期六早上先去購物中心，下午再看電影，或是先去看電影再去購物中心，以免買了一堆東西不知怎麼辦！」師：「非常好的解決方式，我覺得

你已經抓到解決問題的訣竅了！」

　　在思索解決問題方法的過程中，有些孩子是較猶豫或衝動的，那麼我們就得多加鼓勵或誘導！

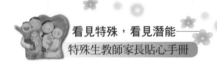

4 給孩子成功的學習經驗

　　磊磊的圖畫上經常充滿大便或惡魔等自我貶低的象徵，造句練習時，「我是世界大笨蛋！」、「我是白癡！」等句子更是輪流出現，老師很想幫他，卻發現他常以拒絕嘗試來避免失敗。對今年才三年級的磊磊而言，未來的學習之路真是又長又坎坷！

　　前南非總統曼德拉，曾在他的傳記中提到一個自身的小故事，有一回他上飛機發覺機長是非洲人時，竟不由自主的感到恐慌，驚恐之餘才突然察覺這種不信任開發中國家機長，自覺低人一等的成見，不正是他致力一輩子努力消除的種族歧視嗎？而曼德拉認為，若能提昇該民族的成就動機，並給予成功的學習機會，將是開發中國家能迎頭趕上的主因。在教育的領域中亦同，就如同在資優領域裡，從未有失敗經驗的孩子，可能不知如何處理失敗的挫折，而極少成功學習經驗的學障孩子，無法體會成功的喜悅，也就慢慢喪失了追求成功的動機，甚而自覺低人一等，有了心理學上所謂的習得的無助感，在相信自己什麼都做不好的情形下，於是拒絕再作任何嘗試。

　　美國學者 Sosniak 及 Ethington，於 1994 年提出認知結構激發法，正是針對提昇學習動機與學習機會的方法，他們認為資源班中若課程規劃不當，只是用普通方法給孩子更零碎的知識與更反覆的習作，或是教師受限於孩子障礙的標籤概念，相信應給予孩子極度簡化的課程，孩子便會在無形中被剝奪了學習機會，以致

於在學習後，程度與普通班孩子差距愈來愈大，不可能回歸到原班去。良好的課程規劃、充足的試探與學習機會，以及善用學習步驟分析法，使學生能逐步學習，並且學得會，再結合同儕合作的學習概念，資源班會變為孩子學習的魔術師，故而應給予孩子比他們起點能力略高的教材，形成挑戰性以激發孩子的認知潛能，例如：在數學教材內容上，應多偏向生活情境式的解決活動及應用題，而減少反覆式的計算題練習，學生才有機會建立真正的數學概念與技巧。相信我們充滿各種可能的孩子就像開發中國家，會在改變觀念並給予充足機會後，改變未來的學習路。

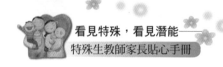

5 要他做什麼，請直接告訴他

　　嘉俊今年小四，在學校中大小問題行為不斷。他雖有心向上，但因長期成績低落所帶來的低自信與標籤作用，兼之原有的衝動思考行為，常無法正確理解與執行教師要求的指令，故而還是常闖禍。那天傳來的禍事卻超出了我的想像，資源班老師在電話那頭焦急的說：「嘉俊在學校拿刀殺導師！現在把自己反鎖在輔導處諮詢室裡！」

　　等我到了學校輔導處，隔著鐵窗我看到手上無助扭著美工刀，哭得鼻涕眼淚滿臉的嘉俊，才問了句：「要不要喝點水？」他竟如受盡委屈般嚎啕大哭起來。我要求其他人，讓我跟嘉俊獨處一下，像平常聊天一樣：「嘉俊，幫我開個門，阿姨才能好好聽你講！」他見到其他人退去，就慢慢過來為我開了門。

　　問清楚原委後，才知是誤會一場。那天原本美術課該帶牙籤及剪刀到校，但嘉俊只帶了美工刀。因常常忘記帶東西，故而導師很生氣，就在全班面前責罵他，嘉俊緊張又沮喪的握緊自己的美工刀，卻讓老師誤認他忤逆反叛，一連用反諷口氣催促他：「你想殺老師是不是？有本事你就劃啊！你劃啊！你劃啊！」嘉俊覺得老師的指示有點怪異，但還是勉力劃了一刀，把老師的手指割傷了。之後就是老師大怒，通知訓導處及資源班，嘉俊跑著讓大人追，並反鎖自己的一團混亂場面。當嘉俊難過得滿臉通紅的說：「我知道老師為什麼生氣，因為他叫我劃好幾刀，我只劃了一

刀！」當他為自己今天的行為下結論時，我看著他，我知道，在溝通的路上，我們還有好長的路要走！

　　具有衝動思考特徵的孩子，常無法分辨話語背後潛藏的真義，故而在理解肯定句的時間會優於否定句，「對的肯定句」的理解時間又會優於「錯的肯定句」，「錯的否定句」的理解時間又會優於「對的否定句」。最好的溝通辦法，便是我們想要他作什麼，便直接用簡單、清楚、正向、可行的話語告訴他，若他無法理解，可輔以示範動作；若無法執行，便需反覆以正向句提示，或將複雜的行為再拆成小部分，督促其實行。反諷的方法常用的便是「錯的肯定句」（例如：「你力氣很大喔！把教室窗戶都打破了。」，會讓孩子誤聽為老師稱讚他力氣很大！），或「對的否定句」（例如：「我不知道自己有哪裡好，你為什麼要愛我？」，會讓對方誤以為你不願接受這段感情），以上句子若都以正面的方式呈現，則可以是「要愛惜屬於學校公物的窗戶」或「請好好愛我」，較不易引起誤會。

　　跟嘉俊的導師溝通後，他也覺得啼笑皆非，才知自己的表達方式易引起嘉俊誤解。我要嘉俊跟老師道歉，並期待他們能從此開啟正向溝通之門。

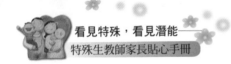

6 小點子大改變

　　清洗牆壁時，該由上而下？還是由下而上？這個觀察點讓美國一家不起眼的清潔公司，後來成為知名的跨國企業，其成功的關鍵就在用心觀察與思考，並付諸實行。

　　就如同現今 7-11 改變我們購物的方式、Starbucks 改變我們喝的習慣、McDonalds 改變我們吃的模式；一個用心的小點子，常會造成我們生活的巨大改變，其實在學障的補救教學上，亦如此。

　　常會遇到許多教師告訴我：「我不是學特殊教育的，所以不知道要怎麼對待班上的學障孩子！」教學是一種藝術，只要用心，先看到要教的人，而非其障礙，孩子就是一個孩子，而不是特定的「學障」孩子，我們就不會被其障礙的迷思困住了，而會針對其在學習上的問題去解決。

　　曾看過許多在學障孩子身上如魔術般的神奇轉變，只因他們的老師用了些教學小點子。陳老師對每天小錯不斷的小凱採用了優點記事本方法，將所有小錯可能的改進辦法列為實行優點，只要小凱肯去做，父母及師長皆可在其優點記事本上記錄，小凱有遵循標準，又覺得自己每天優點不斷，上學的興趣開始變的高昂；李老師與上課容易分心的小靖相約上課的通關密語：「注意聽！」每講到重點時，李老師會大聲提示：「注意聽！」並輕拍小靖，見到他默契的笑容，才開始講解重點，小靖為了聽他與老師的上課密語，而學會專心聽講；吳老師為老是遺失文具用品的小華，

在其所有個人的文具用品貼上名字，任何人如果撿到小華遺失的文具用品，小華便需代替他做值日生，幾次之後，小華就會將自己的文具用品妥善收好；楊老師要行為暴戾的小強學會自我指導語：「我在哪裡，愛就在哪裡！」並要其記錄每天用愛與尊敬對待別人的事實，小強的行為因而有了巨大的正向轉變。

　　我們常會用表面的學習特徵，來說誰是學障學生，例如：跟不上進度、不適應環境、不會操作教具等，其實如果問：「教育的主體是什麼？」很多人會回答：「學生」，而如果教育的主體是學生，而非進度、環境、教具等，教育本就應適性而為，就無所謂學障的問題了，希望這個小點子，也能成為讀者在教養觀念上的大改變！

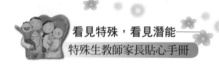

7 具體式的稱讚與責備

　　每位老師跟父母，都曾稱讚或責備過小孩，尤其是表現上較偏離常軌的學障兒童，可能在這兩方面的關注都會比別的兒童多些。父母或教師常會感嘆：「好話跟壞話都說盡了，為什麼對他一點效果都沒有？」其實對一般較易有衝動思考情形，且邏輯推理能力不佳的學障兒童來說，太過廣泛式的稱讚（例如：「你好棒」或「你好乖」等），常因過於抽象，除了讓他有些好心情外，卻因抓不到期望重點或是記憶能力不佳，而無法再重複良好的行為。廣泛且具人格攻擊式的責備（例如：「老師怎麼會教到你這種學生」或是「我對你真是失望透頂」等），因未明確指出錯誤與期望所在，除了讓孩子感到挫折外，對改正行為的實質方面幫助不大。

　　故而若能採用具體式的稱讚與責備，明確指出他對與錯的地方及自己的期望所在，通常效果便會大得多。通常若能在稱讚時採用完整語句（意即語句中含人、事、時、地、物等五要素），用他喜歡的稱讚方式（私下或當眾；物質或社會性增強），並注重即時性，例如：「達達，媽媽很喜歡你每天回到家會自動先把家庭聯絡簿拿給媽媽看！」輔以他喜歡的擁抱，這會比達達拿聯絡簿給媽媽看時，只聽到：「你好乖！」的效果要好多了。同時，若能對家長或教師期望的目標行為除立即性的具體稱讚外，再善用其他情境或孩子重視的人予以增強，效果會讓我們很驚喜喔！

例如：可在與加班的爸爸通話時，再一次於電話中重述達達今日自動拿聯絡簿給媽媽檢查的好行為，聲音卻恰恰大到讓在隔壁房間玩的達達聽到，或是由爸爸自己在電話中對達達說：「我聽說⋯⋯」相不相信，孩子會愈稱讚愈好喔！

　　具體式的責備，除了使用完整句子及即時原則外，記得一定要明確說出自己的期望或是建議的取代行為，例如：「達達，手敲桌子會吵到別人上課喔！請你手拿課本！」如果達達照作，在責備後立刻給予稱讚，會更增強他的正向行為。每次溫和但堅持的就事論事責備，比不斷翻舊帳或是一次責備數種行為，要讓通常注意力易有問題的學障兒童容易抓到要點，同時也因學障兒童的注意力易有問題，要記得「一公尺管教法原則」，在責備時永遠要靠近孩子身旁，以確定他聽「進」了你的話。試試看具體式的稱讚與責備原則喔！只要開始，永遠不嫌遲！

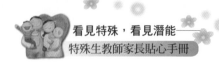

8 懲罰要與過失行為有關

　　嘉惠老師班上有四大金剛，總是會在上課時任意回應老師的話，使得老師在班級經營過程中備感艱辛。嘉惠對他們施予罰做值日生及罰抄課文等，也曾嚴格訂定發言規則，然而他們總是想講就講，聲音並不是很大，卻總是大到全班都能聽見，常常引起哄堂大笑。

　　嘉惠的情緒在某一天複習並檢討考卷時爆發了！她沮喪的聲音在話筒中傳來滿溢的挫折感！她提醒同學坐汽車前座時，也要綁安全帶，台下馬上傳來：「老師，妳說在車上要綁貞操帶喔！」她提到〈陋室銘〉時，又有聲音傳來：「陋室銘，漏什麼漏？」她詢問同學：「美國是不是全世界產棉花最多的國家？」怪腔怪調的聲音又傳來：「美國是不是全世界產衛生棉最多的國家？」檢討考卷時，最會挑動同學情緒的金剛之一，則不斷以大小剛好的聲音批評每一題題目：「第一題真不合理！」、「哈！這也是題目嗎？」、「第七題只有死人才不會做！」、「會不會出啊？這種題目！」。

　　四大金剛的行為是不守課堂發言規則，嚴重干擾上課秩序。嘉惠過往所採的罰做值日生及罰抄課文等，雖也能收一時之效，然其跟原有的過失行為較無關，除了易模糊應對自己課堂發言負責的目標行為外，也較難藉由與過失行為有關的懲罰，建立孩子對自己過失結果負責任的心態！我除了要嘉惠與四個孩子的資源

班老師保持密切聯繫，以求管教一致外，並希望她能暫時收起沮喪的心情，回到班上把這四個孩子找到辦公室，以正向誘導的方法要孩子為自己在課堂上的不當發言負責。

嘉惠聽了我的話，笑咪咪地把四個孩子找到辦公室。四大金剛原本以為要受懲罰了，沒想到老師竟是一副慈眉善目的模樣，有點丈二金剛摸不著頭腦！但等老師開口後，才覺大事不妙！

嘉惠慢條斯理的說：「老師剛剛覺得你們在課堂上的發言滿有趣的，想進一步瞭解！」她對著金剛一說：「我想瞭解你是不是真的清楚什麼是貞操帶？在車上如何使用貞操帶以維護行車安全？是不是可以找找資料，兩天後交個 500 到 1000 字的報告給我！」她對著金剛二說：「老師這幾天準備〈陋室銘〉時，看了這三本書，借你回去看看，兩天後交個 500 到 1000 字的報告給我，我也想知道陋室為什麼漏？」她對著金剛三說：「美國是不是世界產衛生棉最多的國家？請你也跟他們一樣交個報告過來！」接著又對著金剛四說：「你對這張考卷的每一題幾乎都有一些修正意見，請你把每題都修正到合理，再交來給老師！」看著粉綠的四張臉，嘉惠有種孫悟空逃不出如來佛手掌心的快感！

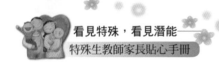

9 獨立萬歲？

　　彥華幾乎是被他的媽媽粗魯地推進諮詢室的，在他被帶去作測驗後，媽媽疲倦卻又憤怒的敘述：「每次做事總是丟三落四，該忘的一定忘，不該忘的也會忘！」、「作業可以從五點寫到十二點，弄得我常情緒失控！」、「為什麼他就是無法獨立完成任何功課上的事，常要我左叮嚀右叮嚀的！」

　　難以獨立完成工作，時時需要他人在旁督導，是學障孩子的典型特徵，卻常惹得家長或老師生活秩序大亂、疲累不堪！其實有時使用些學習步驟分析或工作分析的小技巧來幫助他們，便可以大大改善其獨立的學習品質，我們大人也會覺得獨立萬歲呢！

　　孩子有時無法獨立完成工作，常是因為大人給的指令太快太多，或是過於含糊，有問題常不知如何開口問；對於執行力與記憶力皆有問題的學障孩子而言，無法獨立完成工作，亦是常態。只要我們能說得慢一點、簡單一點、具體一點、正向一點，並且示範多一點，很多孩子便會學習慢慢獨立完成工作。我們可以：

　　1.把工作簡化成幾個步驟，示範給孩子看。

　　2.訓練孩子將工作分成更小的部分，然後一步一步的完成工作。

　　3.以條列式的方式交代孩子工作，並以文字、注音或圖畫說明如何完成各項工作的步驟，讓孩子可依說明步驟加以執行。

　　4.給孩子完整的流程圖，讓孩子依步驟做事，完成後，再給予鼓勵。一段練習時間之後再慢慢加深工作的難度。

5.逐步訓練孩子獨立完成工作的能力，例如：將工作中最簡單的部分留給孩子獨立完成，之後逐漸增加他獨立作業的時間。

6.將作業分成若干小部分，要求孩子十五分鐘內要完成第一部分，若有達到目標，則可休息五分鐘，之後再繼續第二部分。

7.把工作分成更小的單元。要求孩子獨立做完一個小單元，再協助他另一單元，然後漸次減少幫助的份量，以增加其獨立工作量。

在進行這些步驟前，別忘了跟孩子討論獨立工作的重要性與成就感，給予一定的信任，學會用鼓勵的眼光看孩子跨出屬於自己的每一步，有時無法放手或是要求事事完美，反倒在累壞大人之餘，也無形中剝奪了孩子的學習機會，試試以上的小步驟，可能你與孩子都能同時體會獨立的驚喜呢！

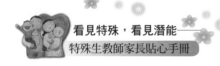

10 船過水無痕？

　　學障學生普遍有著記憶能力方面的問題，其表現在外的學習特徵，即為不易記住學過的內容，或雖然學會了，但過一會兒或數日後就忘了。如此學習特徵，常會讓第一線的教師挫折不已；故而資源班老師們聚集在一起時，常會戲稱教學障學生好像「船過水無痕」般，看著複習時學生無辜的臉，有時甚至會懷疑，自己是否曾教過這段？還是教得不夠好？

　　其實如果我們在上課時用些小技巧，遵循有條理的教學步驟，學生的表現可能就會成為「點滴在心頭」喔！以下是建議技巧：

　　1.正式講授本堂課前，應先複習上一次的上課重點，以協助學生連接其起點能力，之後可簡短說明本堂課的重點，並寫成綱要，記在黑板的一側，讓學生對自己將要學習的內容有概念，並可於課程進行中對照與提示本堂課重點。

　　2.使用圖形、表格、地圖、操作模型或電腦輔助教學等視覺線索來協助學生記憶學習，針對孩子的起點能力與學習優勢運用多感官學習法以加深其記憶，並應教導學生相關的記憶策略，例如：聯想法、關鍵字法、諧音法、分類法、分段記憶法等，嘗試找出適合學生的記憶方法，將其記憶特點融入日常教學活動中，適時運用上課時的具體內容，讓學生練習並提昇自己的記憶策略。

　　3.每逢遇到重要概念的關鍵轉折點，應反覆提示並嘗試將記憶策略融入重要指導語中，同時應將學生之前學習過的重點隨時應

用在新的學習內容中，以增進其熟練與類化能力。

4.下課前，針對該堂課內容做一重點但簡短的複習，並可運用作業單的方式，請學生自己將上課重點繪成圖卡或整理成表格，以利記憶。

5.指導學生抄寫筆記與摘錄重點的技巧，並據以配合發展適合自己的記憶策略，以利個人的複習與記憶。

6.將學生學習過的教材重點，貼在其教室或生活環境中任何顯眼的地方，以利其於生活中不知不覺的重複學習。

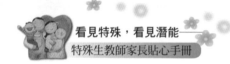

11 兩敗俱傷的選擇

【故事一】

　　以前有條雙頭蛇，一個蛇頭叫阿左，一個蛇頭叫阿右。牠們為了要保護自己，總是輪流睡覺。一天阿左守衛時覺得肚子很餓，便不管三七二十一的把牠們所有的存糧都吃了。阿右醒來時發現存糧全不見了，自己的肚子卻很飽，便知一定是阿左守衛時把存糧吃掉了。阿右為了自己無法享受食物滑過喉嚨的美味，更氣阿左的自私，便一直想方法要懲罰阿左；頭一轉，見到自己旁邊有顆毒菇，就一口把它吃了，想要懲罰阿左，沒想到牠們原是一體，最後毒性發作，阿左和阿右都很痛苦的死了！

【故事二】

　　以前有兩個農夫，一個個性很急叫阿吉，一個個性很慢叫阿溫。有天阿吉的馬拉肚子，他急急忙忙的問阿溫：「你的馬拉肚子時，你給牠吃什麼？」阿溫緩緩的答：「松節油！」阿吉覺得有點怪，但也未曾細問，便急忙的餵自己馬吃松節油，三天後馬死了。阿吉急忙找到阿溫興師問罪：「你說你的馬拉肚子時吃松節油，結果我餵我的馬，三天牠就死了！」阿溫頓了一頓回答：「我的馬也是！」

以上的兩個故事大家可能會當笑話看，覺得世上怎有可能會如【故事一】般兩敗俱傷的笨選擇，又怎有可能如同【故事二】般思慮不周的蠢事！然而，對伴隨衝動思考的學障孩子而言，可能便是在日常生活中，經常上演令人好氣又好笑的情節了。故而在孩子每次犯錯後，除了懲罰外，協助其檢討自己此次決定的利與弊，便顯得格外重要；對於大一點的孩子，甚至可要求他將分析的利與弊寫下，也將下次類似情境時較可行的替代行為寫下，例如：這次生氣時是選擇跟對方大打一架，結果是得到一支大過外，還全身是傷，下次有可能再生氣時的替代行為是離開現場。

孩子瞭解了，還要能確實執行才算成功，然而因自我內在控制力的關係，在執行過程中便易產生落差，這時旁人的適時提醒與給予適度的緩衝時間便顯重要，例如：孩子雖已知誠實的重要性，面臨詢問時還是說出不合情理的話，大人可依據約定提示說：「老師想知道事實是什麼？想清楚再回答老師，好嗎？」不必刻意指責其說謊，而只提示實話的重要性，並留思考空間給孩子思索如何說出事實。如果我們能在教導孩子的過程中，多注意思考方式的訓練，可能在生活中便會少了許多阿左與阿右以及阿吉與阿溫的情節上演！

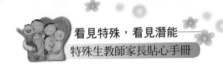

12 思考力訓練

　　「每次我看他做事的方法就生氣！」、「又不是沒生腦袋給他，為什麼老是犯同樣的錯！」、「一點小事都處理不好，不曉得他在做什麼？」衝動思考的現象，是許多學習障礙孩子所共同具有的特徵，然而希望孩子能學會解決問題的技巧，應是父母的共同期望。以下提供些小策略供大家參考。

1. 找出父母感到最困擾的問題優先處理

　　問題儘量簡短清楚，並以就事論事的方法來陳述，不要牽連到別人身上。使用的口氣儘量以「我」為訊息，例如：以「我覺得」來代替批評攻擊性的「你總是」或「你必須」，避免孩子自我防衛式的攻擊式回答，同時確定孩子是否已充分瞭解問題到底是什麼，例如：可讓孩子重述一遍你所敘述的內容重點。

2. 創造可選擇而非單一的解決方法

　　例如：父母和孩子就問題情境，輪流列出可以解決事情的方案，盡可能發揮想像力，創造出有創意的方法，但暫時不要先去評估其可能性。這也就是運用水平式思考法，強調自由聯想，點子愈多愈好，禁止批評及設立評估原則，在輕鬆的情境中，大家集中注意力去想問題的可能解決辦法，最後再依評估原則去做選擇，而非如日常思考模式般，想一個否定一個的垂直式思考法。

3. 評估大家所選擇的答案

　　每人輪流評估每個方案，設想這樣做會有什麼後果，然後大

家協調出一個一致同意的方法，或是找出三個選擇讓孩子來決定。

4. 執行決定的計畫

　　決定誰該做什麼事、如何做和何時做，並且由誰來督導執行。配合或不配合的後果會如何都要事先說清楚，例如：孩子有獎賞（如金錢、特權、父母可帶出去參加活動或打電動玩具的時間延長等）、有處罰（如失去某些權利或做家事等）。

　　利用和孩子討論互動的過程中，讓孩子去思考如何利用他本身的能力，以及增強自我的行為控制，是很有效的方法。如果家長、孩子及學校老師能夠充分瞭解孩子問題的原因，那麼對於問題的解決更能配合達成。通常複雜的問題很難尋求單一的答案，在養成孩子解決問題能力的過程中，耐心與即時回饋也是通往成功之路的重要原則。

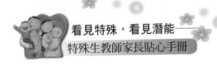

13 思考力問題對考試行為的影響與改善

　　愈會抓重點的人，在考前的準備工作上愈能事半功倍，然而對有思考推理障礙的學障孩子而言，其在形成概念與統整組織方面有困難，思考缺乏連貫性，在無法理解因果關係的情形下，考前抓重點可是件挑戰性頗高的事！我曾跟資源班的學障孩子在考前比賽劃重點，猜中愈多考題者便獲勝。

　　小莉劃了國語課本上的兔子圖案為重點，因為她認為老師很愛 Kitty 貓，所以應該會把可愛的兔子圖形列為考試重點。小全劃了課本第一行，他說：「老師一定會看到第一行，所以會出第一行！」小經則將整個課文全劃成重點，得意的說：「老師最大，他愛考哪裡就考哪裡！」當我苦口婆心告訴他們：「老師應該會出大家都需要知道的事或是你們容易混淆的地方，要不要重試一遍！」但他們卻異口同聲告訴我：「老師才不會這麼陰險！」真是夫復何言！

　　同樣的思考推理障礙情形，表現在考試行為上，學生可能易在草率看完題目後衝動作答，也可能因無法條理思考解題策略或關鍵字詞而無法作答，常會出現些令人啼笑皆非的答案。例如：國文填充考題——「蘇軾稱王維為（詩中有畫，畫中有詩）」，有學生可能會填答成「蘇軾稱王維為（舅舅）」。詢問其填答此答案的思路過程，學生不假思索的回答：「因為他們不同姓啊！」

因為如果同姓，學生可能會立刻填答「伯伯」，國文考題中不考國學常識而考公民科中親屬稱謂的怪異，並未列入他的思考推理重點。同樣情形在地理考題中，他也可能填出物理答案，例如：「中國最大的煤都（ㄅㄨ）是（撫順），中國最大的鐵都（ㄅㄨ）是（鞍山）」一題，他可能會因會錯讀音，而填答成「中國最大的煤都（ㄅㄡ）是（黑的），中國最大的鐵都（ㄅㄡ）是（硬的）」。

　　協助這類孩子增進考試技巧的方法，可讓他們在平時出考題互考對方，老師只需規定題型（例如：填充、選擇、簡答、申論等）及考試目的（例如：記憶、理解、推理等）即可，通常愈會出考題後，愈能掌握考試重點。考後則應協助其歸納錯誤類型與檢查思考推理流程，教師可採放聲思考的教法，對學生詳述自己的思考推理流程，也可將應有的思考推理流程製作成提示卡，以利其練習與運用。

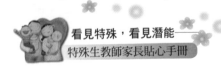

14 注意力問題對考試行為的影響與改善

　　學習障礙兒童表現在外的明顯特徵，即為聽、說、讀、寫、算等學習上的顯著困難，缺乏考試應有的技巧與能力，往往是許多此類學生與家長心中的痛。發展性學習障礙者通常會有注意力、記憶力、知動能力、思考技巧、口語能力、社會技能等問題。注意力問題對學障孩子而言，是個普遍特徵，例如：注意力不足的小華常在考試時易受小事干擾而分心，難以獨立完成作業，做題速度很慢，常需很長時間去完成一份考卷；小敏則因注意力過度，往往不能注意考卷上重要的部分，反易過度注重小細節，以致常被過多而不必要的細節誤導；小捷會有注意力固執行為，常在考試時不由自主的重複唸同一個字或句子，浪費許多作答時間，也會因某一題答不出而「卡」住，留下一大堆未作答的空白題。

　　針對注意力不足的孩子，在考試的座位安排上，應儘量避免靠近走廊或操場以減少干擾源，問題嚴重者可運用桌上型屏風，暫時布置成獨立學習桌的形式，隔絕外界干擾；若學校空間允許，也可抽離該生給予單獨的安靜作答空間。監考者可以口語提示增強注意，或給予短暫休息的方式，以協助其完成考試，對注意力嚴重不足的孩子，有時監考者也可能成為干擾源，監考者可以坐於該生後方一段距離，不與其視線接觸但仍能監督其作答行為的方式監考。重新製作過的試卷採每面六至七題（可視學生注意力

集中幅度予以調整）的方式呈現，並運用放大字體、變換字型、更換顏色、模糊背景、突顯主題的方式強調重點，以視覺增強方式吸引孩子的注意力，也會得到滿好的效果。

　　注意力過度的孩子，則除了上述的考卷製作方式外，可要求其運用墊板或直尺置於每一試題下方，使每次僅呈現一個題目，以突顯重點，並要求其標示題目關鍵點，以確認其能掌握考試題目的重點而非細節。注意力固執的孩子則應要求其建立，在不會做答的題目上劃記，即可做下一題的習慣，使劃記行為暫代其固執行為，以利考試作答行為的流暢性。監考者亦可在發現其有注意力固執行為時，予以口頭提醒或在考卷上標示提示語。

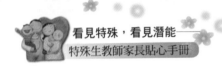

15 專心答題小祕訣

　　學習障礙的學生常在考試時，會有衝動思考的現象，往往尚未專心看完一題即作答，考卷發回後才發現自己因此失分甚多，而扼腕不已，更會因此現象的經常性出現，而惹得師長或父母震怒。其實有些小方法，讓孩子在老師或父母的協助下，於日常生活中練習，應會對此現象有所改進，如下：

　　1.可教導學生於考試答題時，養成默唸或逐字讀題的習慣，以使聽覺回饋協助視覺校正。

　　2.讀題目時，請學生拿著筆在題目下面或是旁邊劃線，以線條輔助，沿線條作答。

　　3.讀題目時，請學生以手指或筆指著題目，讀到哪裡，指到哪裡，並在讀完後，在題目上面作記號，以表示該題讀過了。

　　4.可以符號顯示題目的作答狀況，例如：題目做完了，可在題目前面「打勾」，只會寫部分的以「？」表示，完全不會的可以「×」表示。

　　5.教師亦可在考卷上加提示語，例如：「我會一題一題的作答！」、「我會把題目看完才作答！」或是「我是好學生，我會逐字讀完才作答！」。

　　6.可以將試卷製成「分項試卷」的形式，每頁僅有一大項題目，做完一頁再以提示語請其翻頁繼續作答。於分頁考卷作答時，亦可輔以遮板遮蓋其他題目，使學生移動遮板作答時，每次眼前

僅顯現一個題目。

而若是學障同學在考試時，會遺漏某些題目未作答，則可：

1.在發考卷時，由老師口頭提醒同學總共有幾題。

2.在發考卷時，由老師口頭提醒同學必須按照題號的順序作答，如果不會作答，則需在原題目上作記號後，才可進行下一題。

3.考卷發下後，可由老師依序發號以下指令：A、「現在雙手放桌上，仔細把題目看完！」；B、「這次題目總共有□大題，□小題，正反面都有題目。」；C、「現在都看完了，很好！請拿起筆來，依序寫下每一題的答案。」

4.教師可在考卷上加註提示語，例如：「我會仔細檢查是不是所有題目都做完了？」、「再檢查一遍！」或是「背面還有題目！」

5.教師編製考卷時，格式要簡單清楚，並以顯明字體於試卷開始即提醒同學本試卷共有幾題，請依序作答。

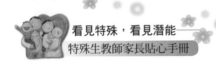

16 拒絕搶答小祕訣

　　三年級的明華在班上，是個頗讓老師頭疼的孩子，因為他太喜歡在老師還未說完題目時即搶說答案。在現今開放式課堂，師生互動的機會日益增多，鼓勵孩童發言及參與課堂活動的機會也愈來愈普遍，但如果孩子沒有發言禮貌的概念，而老師又屢糾正無效，該怎麼辦呢？明華的老師就很苦惱的說：「別的小朋友在我沒唸完題目即搶答，我糾正幾次也就好了，可是明華好像有聽懂，又好像沒聽懂？我也不知道他到底怎麼搞的，弄得我現在要問問題時，就會很焦慮，最後乾脆不在班上作類似活動了，我也知道這樣不好，可是我更討厭班上秩序失控的情形！」

　　其實明華的思想衝動與理解表達問題，是可以藉由平日的教導、課堂發言規則的確立、問題的設計與同儕壓力等方法來加以改善，若單單藉由口頭提示或糾正，恐怕效果不大。在平日教導方面，明華的老師可以藉由上課機會訓練孩子傾聽的習慣，對孩子解釋打斷別人說話是種不禮貌的行為，養成孩子要尊重別人發言的態度。

　　在每次有課堂發問活動前，明華的老師應明確訂定發言規則，並予以事前提示及示範。老師的規則可視自己的教學風格與學生反應來作選擇，有下列幾種規則方式可參考：(1)確立發言規則為「要發言先舉手，老師講完才可舉手，老師點到才可發言」；(2)準備鬧鈴，規定在問題敘述完聽到鈴聲才能回答；(3)規定聽完題

目之後才能回答，否則算犯規；(4)規定必須等聽到「1、2、3」或「請回答」的指令後，才能舉手回答；(5)用一個小動物玩偶當班上的麥克風，拿到麥克風的人才有發言權；(6)可將嘴巴形狀製成發言牌，舉手在老師點到並拿到嘴巴形狀的發言牌後，才代表自己擁有嘴巴可以發言；(7)告訴學生只有在題目說完，搶答時答對才有算，其餘不算分，反而要扣分；(8)所有回答問題者都必須要將題目重述一遍，如此可避免孩子未聽完題目即搶答。

明華的老師也可除了發言規則外，將問題設計成重點在後面的形式，使明華未聽完題目即無法正確的回答。也可運用同儕的壓力來使明華一定要聽完題目才能發言回答，例如：若學生搶答，老師這題就不問了，利用同儕的力量約束這種行為；或在班上分組遊戲活動中加入一項規定，未聽完題目即搶答者，必須將分數送給對方，讓同儕共同監督此項行為的發生。明華的老師在下次約談時，帶了個自製嘴巴形狀的發言牌進來，笑咪咪地大聲告訴我：「這個牌子真的好有用！」我知道，這次會有場愉快的分享！

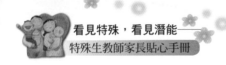

17 互相說故事的時刻

　　岷岷是個閱讀障礙的小孩，有著伶俐的口齒、清秀的外表，因此老師相當不能接受岷岷看到課本或任何字，即表現出學習情緒低落的情形，總是認為他是懶惰或故意搗蛋。漸漸地，他開始畏懼上學，也很容易情緒失控。

　　在輔導他的過程中，我發覺他很喜歡講故事，於是便運用遊戲治療中的 MST（Mutual Story Telling）方法，即在個案述說完故事後，確認對方故事的重點，治療者再以具反射或創新的方法重述故事，以達治療的目的。而岷岷有關長頸鹿學校裡的豬老師故事，反映了在現今校園中，學生的學習風格與教師的教學風格不符時的難解課題。

　　「有一天在長頸鹿學校裡，來了一位短脖子的豬老師，他總覺得長頸鹿伸長脖子上課的樣子看起來很不專心，於是要求所有的長頸鹿都得趴在桌上縮著脖子上課，幾堂課下來，長頸鹿們都疲累不堪。終於到了午餐時間，豬老師拿出他認為世間最美味的餿水要大家吃，吃素的長頸鹿譁然。下午體育課時，豬老師又要大家做他認為最有益身心的運動——泥塘打滾，年輕的長頸鹿們一方面做不來，一方面又痛惜自己美麗的毛皮，於是一起去向羊校長告狀，但羊校長要他們多忍耐。」

　　我問岷岷：「這個故事的重點是什麼？」岷岷答：「長頸鹿

好可憐！」他的故事確實撼動了我的心，這小孩在平日上課時，應該是吃了不少苦，卻又不知如何解決。於是我告訴岷岷：「阿姨也要講個故事給你聽，這個故事跟你的故事很像，後來的結局會有一點點不一樣！」

「有一天在長頸鹿學校裡，來了一位短脖子的豬老師，他總覺得長頸鹿伸長脖子上課的樣子看起來很不專心，於是要求所有的長頸鹿都得趴在桌上縮著脖子上課，長頸鹿試了幾次仍然趴不下來，就勇敢的在下課時告訴豬老師：『我們的脖子好長，很難趴下來，而且伸長了脖子才看得見老師跟黑板，更能專心聽講！』到了午餐時間，豬老師拿出他認為最美味的餿水要大家吃，吃素的長頸鹿也拿出他們認為最美味的蔬果跟豬老師分享。下午體育課時，豬老師要大家做他認為最有益身心的運動——泥塘打滾，長頸鹿們提議先表演他們拿手的奔跑讓豬老師欣賞。豬老師與長頸鹿們慢慢的經由溝通瞭解彼此，也學會欣賞彼此的優點。」

在接下來的相互說故事時刻，我希望岷岷能在故事中，慢慢瞭解問題的靈感！

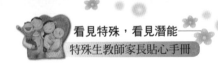
18 我的孩子在資源班裡學什麼？——淺談個別化教育計畫

友友在開學後，因學習成績及適應行為的關係，校方安排他進行相關鑑定，之後便建議他至資源班就讀，友友的媽媽非常不能接受，覺得她的孩子被安排進了「阿達班」。

其實所謂的「資源班」，即指學生在該班中可得到普通班中所無法提供的特殊教師、教材、教具、設備等資源，以達到適性教育的目標，其主要目的為希望學生經由補救教學後，能找到適合自己的學習管道，回歸到原有的普通班中正常上課。故而接受幫助的學生在課程的安排上，只有需補救教學科目的授課時間，甚或只需在早自習或課餘時間至資源班，其餘時間則仍在原班與原有同學一起上課。

既然資源班的主要功能，為扮演普通班與其餘特教班間的橋樑角色，家長們也許更該關心瞭解的是，自己的孩子在資源班中被施予何種型態與內涵的補救教學？以協助自己的孩子能盡速在步上軌道後，回到普通班正常學習。

按照《特殊教育法》的規定，各級學校應對每位特殊學生擬定個別化教育計畫，並應邀請特殊學生的家長參與其擬定與教育安置。個別化教育計畫泛指一份書寫與整理完善的學生個別學習方案與歷程，是為每位孩子適性教育目的所個別量身打照的教育計畫，也是家長瞭解自己的孩子會在學校中被施予何種型態與內

涵的補救教學的最佳管道。

　　按照《特殊教育法施行細則》的規定，學校應於開學後一個月內，擬定好學生的個別化教育計畫，每學期至少檢討一次。故而資源班的家長應每學期至少參與兩次的個別化教育計畫會議，一次是擬定，一次是檢討，然而家長的問題可能是不知如何在個別化教育計畫會議時，主張自己的權利，甚或分辨那些放在自己眼前的個別化教育方案是否適合自己的孩子。

　　一份好的個別化教育方案，應至少符合下列要件：

　　1.應針對孩子的個別學習特性擬定，並能針對孩子的學習優勢在教育目標上作潛能開發，弱勢學習部分作補救教學；且應在同一份個別化教育方案中，呈現孩子的優弱勢學習，以達優勢學習彌補弱勢學習的適性教育目的。

　　2.個別化教育計畫的格式可以彈性，然內容應符合《特殊教育法施行細則》第 9 條的規定，其內容應涵蓋：(1)學生能力現況、家庭狀況及需求評估；(2)學生所需特殊教育、相關服務及支持策略；(3)學年與學期教育目標、達成學期教育目標之評量方式、日期及標準；(4)具情緒與行為問題學生所需之行為功能介入方案及行政支援；(5)學生之轉銜輔導及服務內容（包括升學輔導、生活、就業、心理輔導、福利服務及其他相關專業服務等項目）。

　　3.個別化教育計畫除了上述第二點的內容外，應附有孩子在校學習過程的檔案歷程評量，如作業、考卷、錯誤型態分析表等，以增進教師、父母、專業團隊對孩子學習情形的瞭解與掌握。

　　目前在國內的「有愛無礙」網站（網址：http://www.dale.nhcue.edu.tw），有專門為資源班所發展的電腦化個別化教育方案，有完

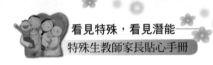
整的格式與內容可供免費下載，在電腦科技的協助下，可大量節省教師製作個別化教育方案的時間與精力，也可供家長做為瞭解個別化教育方案之用。

19 不要輸在起跑點
——慎選好的資源班

　　當孩子入學後，若發現在學習上有問題的情況時，普通班教師可能會於每年四至五月或九月，在各校輔導室通知後，填寫轉介表、篩選表、觀察表等，並經過家長簽同意書後，即可安排學習障礙之相關鑑定，該鑑定通常由本校或他校之合格心評老師為之。若未及趕上統一鑑定的時間，目前各縣市教育局（處）轄下的鑑輔會，通常亦會接受日常提出的鑑定申請，家長也可以自行帶至各大醫院的兒童心智科或兒童精神衛生科作鑑定。鑑定後疑似學障及其他類的特殊孩子，其資料包含家長安置同意書及安置志願順序，會被統一送至鑑輔會，鑑輔會會擇期邀請家長、學校人員、教育行政人員、衛生及有關機關代表、相關服務專業人員等召開會議，詳細確認孩子隸屬特殊教育的類別並進行安置，安置原則依《特殊教育法》規定需以能滿足學生學習需要，符合最大利益下最少限制的教育環境，並以學生之居家環境就近安置為原則。

　　鑑輔會依《特殊教育法施行細則》的規定，家長得邀請教師、學者專家或相關專業人員陪同列席該會議。鑑輔會之安置決議可對安置學校或機構，提出環境及設備之改良、復健服務之提供、教育輔助器材之準備、生活協助之計畫等書面建議，故而家長應善用此次機會，讓與會人員瞭解自己的需求。而家長若能事前做

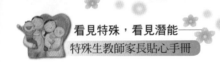

好功課，充分瞭解自己的孩子每天將要有部分時間待在接受補救教學的資源班，相信更能讓孩子在補救教學的起點，有個好的開始！

健全運作的資源班，通常會有下列特點：

1.每班皆有合格且富教學經驗與熱誠的特教老師，其中並至少有一位教師為合格的心評教師，以利校內特殊學生鑑定事宜之推動。許多縣市目前對於中小學合格特教教師之比率，實有再提昇之空間，同時有特教班之學校也應每校至少有一位合格的心評教師，特教教師應除了輔導室相關行政（例如：特教組長）外，儘量以不兼行政職務為原則。未有特教班但有特殊學生之學校，亦應參與研習以培育自己學校的特教心評教師，或由特幼課劃分責任區後，請鄰近學校之心評教師協助。

2.資源教室宜位於學校中心位置，鄰近輔導室或保健室，從校門口至資源班應設有無障礙環境動線，資源班與周遭環境設計需符無障礙原則，亦即須符合可到達、可進入、可使用的原則。

3.秉持特教專款專用，以利各類資源班教材教具及相關耗材之補充，且特教專款專用情形應由申請計畫、採購、財產保管、借用辦法等，皆能有明確公文或規章保留，以利透明化、公平化原則之落實。

4.資源班教師與普通班教師能有定期溝通的雙邊教學會議，使孩子在普通班與資源班的教學能緊密結合。

5.在開學後一個月內，依學生之個別學習特性，擬定個別化教育及相關服務計畫，邀請家長定期參與其孩子的個別化教育計畫之擬定與檢討，個別化教育計畫每學期至少應檢討一次。召開會議之時，應注重隱私權原則，亦即盡可能每位家長均有獨立的晤

談及會議時間，若在開會時間有事無法到達的家長，亦應盡可能以各種方式，例如：電話或電子郵件等，再行溝通。

6.校內行政體系的支持與整合，使孩子能擁有無障礙（含心理及生理層面）與適性學習的環境。在這其中，特殊教育推行委員會之正常運作與否扮演著相當重要的角色，凡是須跨處室協調以利特教推行的事項，可能均需在其中通過，例如：資源班學生之相關篩選、鑑定、安置、教學、輔導及回歸標準與流程；特殊學生就讀普通班的相關支援系統之建立及資源班排課事宜之配合；無障礙考試方式之實施等，故而特殊教育推行委員會應由校長親自主持，方有利跨處室之協調，且不宜與個別化教育計畫會議混淆。

7.定期或不定期的親師聯絡或親職教育課程活動之舉辦，活動之辦理除教養主題外，亦可考慮特教相關權益與法律之簡介、個別化教育計畫會議之理念與參與、特教團體之參與及教養心得分享等主題。

8.特教教師及普通班教師進修活動的舉辦或參與，各縣市歷年辦理的相關研習相當多，但可再注意以下幾個細節，相信成效會更好：(1)除往年之特教與普通班教師特教研習活動外，亦應將行政人員列入參與對象，校長、教務主任及輔導主任在特教業務相關上尤其大，可專門為他們辦研習活動；(2)除往年的研習活動採進階方式以利研習主題之完整呈現外，亦可參考台北市的分區方式，以利具地域特色問題之解決，並可以分區方式集合有專長的教師系統化發展教材並相互交流；(3)研習心得回原校後之分享與整理。

9.在不妨礙教學的原則下，鼓勵教師參與小而實用的研究計

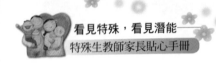
畫，研究計畫之方向以具地方特色之主題為主，除發展教材外，各縣市提早入學學生、資優身障生、在家教育生之追蹤輔導，亦可列入研究主題。

10.建議為避免學校教職員在各項評鑑上，投入過多重複的人力與時間而妨礙教學，特教評鑑相關時程及分工，應列於校內特教實施計畫內，以利各項資料之建置與蒐集。

如果你的孩子目前尚未待在合適的資源班裡，家長仍可運用正向溝通的方式來慢慢改變整個學校環境，因為每一個人的心態都是期望自己能做到最好的。而如果孩子待的是個很棒的資源班，更別吝於給予辛苦的教師及相關人員多鼓勵，如此可增加更多的特教生力軍，也讓未來有更多有此需要的孩子受惠。

20 互為助力或互為阻力

　　我是在教育大學特教系擔任學障相關課程的老師，常有機會應邀出去演講；在不同的演講場合，會碰到不同觀眾的組合，如果是以學障家長為主體，便常會面對家長悲憤與惶恐的神情，聽著一個又一個心痛的故事，甲家長述說：「雖然現在禁止體罰，但在不體罰的情形下，老師會以不屑眼神或公開辱罵，如：『像你這種人，全校沒有一個老師願意教你』，或故意忽視我兒子的存在，這是否也是一種精神上的虐待？我常常為這些事氣得睡不著！」乙家長也急切的說：「我提供孩子過去的狀況等訊息給老師，希望得到協助與合作，結果卻害孩子在班上得到負面的歧視與貼標籤，孩子回來對我很生氣，真是倒楣死了！」彷彿義務教育對我們的學障兒童而言，所提供的僅是「義務教學」，卻非「有效教學」。

　　但等換到以學校教師為主體的演講場合時，又會聽到教師們有時群情激憤的述說家長種種不理性的行為，例如：孩子明明有問題卻拒絕鑑定，或鑑定之後拒絕至資源班接受特教服務；也有的家長自己太忙，要求老師負起完全的教養責任，或對孩子的成績與行為有不切實際的期望與要求，對這些敘述最常有的結語是：「現在的孩子愈來愈難教了！」或是「現在的家長愈來愈難溝通了！」好像義務教育工作環境下的老師，因為推動家長參與後，對工作的滿意度與認同感愈來愈低了。

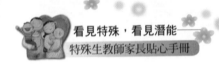

　　這些現象雖然顯現了整體特教的環境還未臻於成熟，也顯現在特教環境中，親師溝通是一個頗重要的課題；正因為孩子的特殊，以致於溝通需求的激增，然而在未有正確正向溝通技巧的認知下，往往使得應是最關愛孩子，與孩子教育關係最密切的兩方，在前提為期盼日後互為助力的溝通後，反成互為阻力的形同陌路，更常會造成孩子求學過程的莫大困擾。

　　建議各地的學障協會可於每年開學前，為會員多辦些親師溝通技巧的講座，也建議師範校院或一般大學的教育學程，應將類似主題納入課程中，或是開設相關課程，讓應該合作的老師與家長能經由溝通後，成為彼此最大的助力與鼓勵，而不再是阻力與抱怨！也就是大家坐下來互相討論時，都是為了如何讓孩子擁有更好的學習與生涯規劃，而不是互相指責與要求道歉；更別使孩子的黃金學習時間，在我們的抱怨中流失！

21 實施無障礙考試，以求立足點平等

　　學習障礙在特教領域中真正受到關注，是近三十年的事；而受到台灣社會大眾的關注與接受，則更是這幾年才有的現象。猶記得剛回國，常會在演講時，遇到台下觀眾質疑的眼光，觀眾問的問題更常是：「真的有這種智力正常，但是學不會的孩子嗎？」、「這種學障孩子到底長什麼樣子？」、「哪有用功勤勞仍然學不會的小孩？是找藉口或懶惰吧！」正因學障孩子是內隱型障礙，其外觀往往與正常孩子無異，且是少數特教類別中無殘障手冊證明者，所以在求學的過程中總是顛顛簸簸，不僅常易受誤解，且對其應有的教育權益亦常難以主張。

　　教育部已通過學障孩子也可經鑑定後申請證明，證明上可加註其學習特質。因為學障孩子的障礙表現，多在聽、說、讀、寫、算的課堂學習與考試表現上，有了該證明後，便可以開始對其極需的無障礙考試環境提出要求。然而因其正常的外表，與現今學障鑑定仍然無法克服的模糊地帶，在考試掛帥、升學至上的台灣社會，學障孩子的無障礙考試環境需求，常會遭到其他家長或老師的考試公平性的質疑，年級愈高，愈接近升學壓力階段，質疑聲就愈大。

　　如今各縣市已有頗為完備的鑑定程序，然在學習障礙相關知識的進步仍是一日千里，在目前學習障礙鑑定相關資源與人力並非充足的情形下，可努力之處仍多，例如：現今在鑑定上，我們

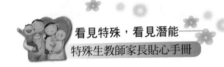

不只能知道孩子是否為學習障礙，其所伴隨的各種學習障礙亞型的問題，在教育及醫學診斷的進步下，亦能在鑑定流程中，較明確的做出判斷。而經過嚴謹程序鑑定出的學習障礙學生，便應給予適當的無障礙考試環境，這道理跟肢障、視障、聽障、腦性麻痺、身體病弱者等，可主張特殊輔具、特殊服務或是延長時間，以達無障礙考試環境是一樣的。所以在未來，應可見到閱讀障礙的孩子在考試時享有報讀服務；書寫障礙的孩子可用電腦作答、口試、延長作答時間或重謄答案卡；嚴重短期記憶缺陷的孩子可有標準提示語或使用提示卡；伴隨注意力缺陷問題的孩子可用特製的合適考卷，並在單獨的空間中應考；思考推理障礙的孩子可以延長作答時間……等。如果真能做到這些要求，則考試公平性對學習障礙學生而言，才能是立足點的真平等，而非齊頭式的假平等。

現今學習障礙學生所主張的無障礙考試，其實仍有許多家長及教師在概念上是模糊的。其實《特殊教育法》（2009）第1條即明確規定：「為使身心障礙及資賦優異之國民，均有接受適性教育之權利，充分發展身心潛能，培養健全人格，增進服務社會能力，特制定本法。」第19條延續其精神明定：「特殊教育之課程、教材、教法及評量方式，應保持彈性，適合特殊教育學生身心特性及需要。」而在第13條更規定：「學校、幼稚園、托兒所及社會福利機構應依身心障礙學生在校（園、所）學習及生活需求，提供必要之教育輔助器材及相關支持服務。」

故而相關法規在各就學階段，其實已完整涵蓋，現今問題只在實質面的執行，因此家長及教師在參與及擬定個別化教育計畫時，應特別注意個別化教育計畫是否有符合《特殊教育法施行細

則》之「適合學生之評量方式」項目。下述之無障礙考試評量服務表，是試擬的一些相關無障礙考試措施，僅提供家長及教師參考。所有的努力只因學習障礙的症狀只能克服，無法逃避，我們要學習接納與關懷，並營造屬於孩子的無障礙學習環境，讓孩子可以做自己，並且是很快樂自信的自己。同時在無障礙考試環境下，學障孩子因紙筆表達能力不佳，而被封閉起來的聰明小精靈才能真正被釋放出來，家長及老師可能都會因此感到大大驚喜喔！

　　現今國內的大型升學考試（如國中基本學力測驗）依據《身心障礙學生考試服務辦法》（請參考本文附錄一），符合下列條件之一即可提出申請（申請表格請參考本文附錄二）：

　　1.經各級主管機關特殊教育學生鑑定及就學輔導會鑑定為身心障礙。

　　2.領有身心障礙手冊或證明。

　　服務項目如下：(1)調整考試時間：包括提早入場或延長作答時間；(2)提供無障礙試場環境：包括無障礙環境、地面樓層或設有昇降設備之試場；(3)提供提醒服務：包括視覺或聽覺提醒、手語翻譯或板書注意事項說明；(4)提供特殊試場：包括單人、少數人或設有空調設備等試場。專為身心障礙學生辦理之考試，於安排試場考生人數時，應考量考生所需之適當空間，一般試場考生人數不得超過三十人。附錄一及二的內容應每年跟隨考試單位所公布的為準，本附錄內容僅供參考。

　　上述的內容是關於大型入學考試，一般學校對於身心障礙學生可以做的調整會更多，因為學校是以教育學生為目的，並非只有考試而已，所以必要的調整可以幫助教師瞭解學生的學習。以

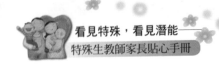

新竹市為例，學校會依其個別能力及學習管道調整考試及評量方式，如考試方式、提供特殊考場、輔助器材、特製試卷等的服務，必要時可向相關行政單位提供學生所需的支援協助。適用對象是具有下列情形之一，即可提出考試評量服務之申請：

1.領有身心障礙手冊／證明者。

2.公私立教學醫院或新竹市指定的鑑定機構鑑定為身心障礙，持有鑑定醫院所發之證明者。

3.經新竹市政府特殊教育學生鑑定及就學輔導會（以下簡稱鑑輔會）鑑定為身心障礙，持有身心障礙資格證明者。

適用範圍包括學校內舉行之學習評量，包括：平時考、月考、段考等定期考試及模擬考等。調整的方式（可參閱本文附錄三）依不同障礙類別及學生的個別需求可有彈性，例如：數學評量若主要目的並非評量學生之紙筆計算能力，則應允許學生使用電子計算機應試。若學生具有反應速度較慢、注意力不集中、書寫速度較慢等特徵，則應適度延長評量時間、試卷的字體放大、間距加大、同一行列避免字數過多、同一試卷避免過多題目、題目使用清晰之正楷列印（避免使用特殊怪異的字型）等。

一般而言，調整方式主要有下列四類：

1.呈現：如說明指引或問題的報讀及放大印刷字體等。

2.反應：如使用代理書寫人等。

3.情境：如小組或個人施測及特別的閱覽座位等。

4.時間／安排：如額外延長時間及多次中斷等。

以下按不同障礙類別，提供一些方式（下頁表僅供參考，可依據學生的需求，自行發展適性的調整方式）：

障礙類別		試題呈現	作答方式	輔助器材	考試方式
視覺障礙	弱視	放大試卷 報讀試題	代抄答案 錄音作答 電腦輸入	放大鏡 擴視機 照明設備	延長時間 分段考試
	全盲	點字試卷 報讀試題	代抄答案 錄音作答	盲用電腦 文書處理機	延長時間 分段考試
聽覺障礙	聽力受損	調整聽力測驗呈現方式		助聽器	
肢體障礙	動作能力困難		代抄答案 錄音作答	可調式桌椅、特製筆（如可彎曲、筆桿較粗的筆）、電腦	無障礙環境（如斜坡道或升降梯）、特殊考場
情緒障礙	情緒困擾	調整聽力測驗呈現方式		利用聽覺刺激提昇注意	單獨考場、調整考試時間（如縮短、中場休息）
學習障礙	閱讀困難	報讀試題 簡化試題 （如簡化指導語、重點標示）		輔助閱讀工具	延長時間
	書寫困難		代抄答案 錄音作答 電腦輸入		延長時間
	數學理解及運算困難	數字或關鍵問題做記號		非評量計算能力之試題允許使用計算機、九九乘法表	

對許多障礙學生的家長與教師而言，孩子的快樂學習與成長，是心中最大的願望，然而評量調整措施也非漫無標準或由教師隨心所欲，不當的評量調整措施也可能使得測驗失去效度。因此，審慎考量障礙學生的學習需求與能力，適度調整教學與評量方式，制訂符合障礙學生的需求，並且以不違反測驗效度的評量調整措施，乃是老師、測驗專業人員及教育學者共同的努力目標。

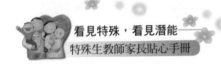
附錄一　身心障礙學生考試服務辦法

中華民國 101 年 7 月 24 日教育部臺參字第 1010133145C 號令
訂定發布全文 12 條；並自發布日施行

第 1 條　本辦法依特殊教育法第二十二條第二項規定訂定之。

第 2 條　各級學校及試務單位公開辦理各教育階段入學相關之各
　　　　　種考試，應依本辦法之規定提供身心障礙學生考試服務
　　　　　（以下簡稱考試服務）。

第 3 條　本辦法所稱身心障礙學生，指符合下列規定之一者：
　　　　　一、經各級主管機關特殊教育學生鑑定及就學輔導會鑑
　　　　　　　定為身心障礙。
　　　　　二、領有身心障礙手冊或證明。

第 4 條　考試服務之提供，應以達成該項考試目的為原則。各級
　　　　　學校及試務單位應依身心障礙考生（以下簡稱考生）障
　　　　　礙類別、程度及需求，提供考試服務。
　　　　　前項考試服務，應由考生向各級學校及試務單位提出申
　　　　　請，經審查後通知考生審查結果，考生對審查結果不服
　　　　　得提出申訴。
　　　　　各級學校及試務單位，應邀集身心障礙相關領域之學者
　　　　　專家、特殊教育相關專業人員及其他相關人員審查前項
　　　　　申請案。
　　　　　前三項考試服務內容、申請程序及應檢附之相關資料、
　　　　　審查方式及原則、審查結果通知及申訴程序等事項，應

於簡章中載明。

第 5 條　考試服務應衡酌考生之考試科目特性、學習優勢管道及個別需求，提供適當之試場服務、輔具服務、試題（卷）調整服務、作答方式調整服務及其他必要之服務。

第 6 條　前條所定試場服務如下：

一、調整考試時間：包括提早入場或延長作答時間。

二、提供無障礙試場環境：包括無障礙環境、地面樓層或設有昇降設備之試場。

三、提供提醒服務：包括視覺或聽覺提醒、手語翻譯或板書注意事項說明。

四、提供特殊試場：包括單人、少數人或設有空調設備等試場。

專為身心障礙學生辦理之考試，於安排試場考生人數時，應考量考生所需之適當空間，一般試場考生人數不得超過三十人。考生對試場空間有特殊需求者，應另依第四條規定提出申請。

第 7 條　第五條所定輔具服務，包括提供擴視機、放大鏡、點字機、盲用算盤、盲用電腦及印表機、檯燈、特殊桌椅或其他相關輔具等服務。

前項輔具經各級學校及試務單位公布得由考生自備者，考生得申請使用自備輔具；自備輔具需託管者，應送各級學校及試務單位檢查及託管；自備輔具功能簡單無需託管者，於考試開始前經試務人員檢查後，始得使用。

第 8 條　第五條所定試題（卷）調整服務，包括調整試題與考生

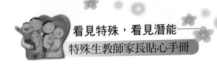

之適配性、題數或比例計分、提供放大試卷、點字試卷、電子試題、有聲試題、觸摸圖形試題、提供試卷並報讀等服務。

前項調整試題與考生之適配性，包括試題之信度、效度、鑑別度，及命題後因應試題與身心障礙類別明顯衝突時所需之調整。

第 9 條　第五條所定作答方式調整服務，包括提供電腦輸入法作答、盲用電腦作答、放大答案卡（卷）、電腦打字代謄、口語（錄音）作答及代謄答案卡等服務。

第 10 條　身心障礙學生參加校內學習評量，學校提供本辦法之各項服務，應載明於個別化教育計畫或個別化支持計畫。

第 11 條　本辦法發布施行前，各項考試服務已納入簡章並公告者，依簡章規定辦理。

第 12 條　本辦法自發布日施行。

附錄二　身心障礙考生應考服務申請表

※本表填妥後，請連同診斷證明書及相關資料於報名時一併繳驗，以憑辦理※

考生姓名		（身心障礙手冊 正反面影本黏貼處）
性別	□男□女	
畢（肄）業學校	代碼_____	
緊急聯絡人		
聯絡電話		
術科組別	□音樂組（代碼1）　　□美術組（代碼2） □體育組（代碼3）　　（必填，請擇一於□打√）	

考生應考服務項目：請考生依需要勾選申請項目，有特殊需要者須詳述於備註欄。

申請項目（考生自填）		審定結果	
提早入場	□是（提早五分鐘進入試場準備） □否	□是	□否
放大答案卡 或 空白紙作答	□以原答案卡放大之A4影印本作答 □以A4空白紙代替答案卡作答 □否	□是	□否
放大試題	□是（提供放大為A3紙之影印試題） □否	□是	□否
延長時間	□是（延長____分鐘。以不影響下一 節之考試為限，至多延長三十分鐘， 依各術科考試委員會審定結果為準） □否	□是　　　□否 延長____分鐘	
其他服務		□是　　　□否	
需要考區 準備之輔具	□檯燈□放大鏡□特製桌椅□坐式馬桶□其他：_____		
考生自行 準備之輔具	□檯燈□放大鏡□點字機□輪椅□其他：_____		

考生親自簽名：_____（無法親自簽名者由其監護人代簽並註明原因）
資料來源：大學術科考試委員會聯合會97學年度大學術科考試身心障礙考生應考
　　　服務辦法（http://www.cape.edu.tw/）

附錄三　無障礙考試評量服務表

經個別化教育計畫會議評估學生之需求後，決議_____同學之考試評量服務為：

壹、服務科目：□國語（文）　□數學　□英文

　　　　　　　□其他科目：_____

貳、服務項目：

一、□普通班做答資源班重製之原班考卷

　　□普通班做答原班考卷，但提供_____提醒服務

　　□資源班做答原班級考卷

　　□資源班另出考題，普通班做答

　　□資源班另出考題，資源班做答

二、如選擇資源班另出考題，占原班試題成績

　　□50%　□80%　□100%　□其他比例：_____

三、考試場地：

　　□考試之無障礙設施與環境符合學生需求　□單獨試場應考

　　□干擾較少的情境下施測　□小組舉行但在個別學習桌內

　　施測　□提供調整式桌椅　□其他：_____

四、考試時間：

　　□延長考試時間　□分段考試　□在考試中有一小段休息

　　時間　□在孩子情緒或體能狀況較穩定的時間考試

　　□其他：_____

五、試題呈現：

1. 調整試題呈現方式

□點字　□放大字體　□錄音帶　□口頭報讀

2. 試題版面：

□題目放大　□增加題目行距　□減少每頁題數　□提供具有格子的完整答案卷　□放大答案空格給學生填答□標示試題關鍵字　□調整答案卷格式為橫式書寫□其他：＿＿＿＿＿

3. 指導語：

□報讀試題指導語　□規定考生朗讀指導語　□簡化指導語　□標示指導語重要關鍵字　□提供答題線索　□提供額外例子

4. □提供遮版遮住不相干刺激，以限制閱讀範圍

5. □用膠帶固定考試卷

6. □允許學生發問以澄清題意

六、作答方式：

□口頭回答　□用手語反應　□打字或用手指出　□利用溝通板　□用點字　□以錄音方式作答　□使用電腦文書處理作答　□請別人重謄答案卡　□非評量計算能力之試題允許使用計算機　□允許使用九九乘法表　□允許使用字典或拼字檢查軟體　□允許學生在試題上做記號　□其他：＿＿＿＿＿

七、輔助器材：

□特殊桌椅　□特製筆（較黑或較粗的鉛筆、可以彎曲的鉛筆）　□放大鏡　□擴視機　□電腦／盲用電腦　□錄音機□照明設備　□其他：＿＿＿＿＿

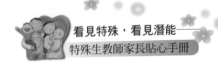

22 無障礙評量概念與實作

　　身心障礙學生對無障礙考試環境有其需求，考試調整的意義在於改變考試的材料或歷程，使身心障礙學生能順利參與考試。身心障礙學生所需要的考試調整，在個別化教育計畫中要加以確認，是基於需求所提供的協助，是強調立足點平等，而非齊頭式平等的調整措施。調整的目的是為了排除其身心障礙所帶來的不利條件或適應能力，使之有公平的機會以展現其知識與技能。促進身心障礙學生在考試時，更有安全感與舒適感及不影響考試的效度，增進其在考試的參與，改善因障礙引發的適應問題。身心障礙學生考試評量調整方式，大致可分為變通的考試結構、變通的考試場所，以及變通的考試實施三大類，茲分述如下，並分析各障礙類別考試評量之調整方法。

一、變通的考試結構

1. 針對考試內容的建議

　　(1) 出試題時，以最重要的字組成句子，而且使用基本的句型（名詞－動詞－受詞）。

　　　【不良例】大雄和胖虎比賽互推遊戲，胖虎猛然一推，把大雄推到後退好幾步，請問誰的推力比較大？

　　　【良　例】大雄和胖虎比賽互推，結果大雄後退三步，哪一個人的推力比較大？

(2) 題目中可標出關鍵字，例如：在數學題目裡，以粗體字標出關鍵字。

【例1】下列哪一個數是**純小數**？

【例2】100 公尺的距離，小明跑完費時 **19.3** 秒，小華跑了 **18.5** 秒，小強花費 **20** 秒，哪一位跑得最快？

(3) 提供不影響試題效度的補充說明，例如：對數學符號辨識有困難的學生，在符號上面或旁邊提供說明。

【例1】有一個圓的半徑是 10 公分，請問圓面積是多少平方公分？（提示：$\pi = 3.14$）

【例2】有些學生「＋」跟「×」會混淆，因此列題時可加註中文說明。如：$4 \times 5 = 20$，改為 $4 \times$（乘以）$5 = 20$

【例3】若角 A 為 65 度，求角 B 是幾度？（圖中符號「⌐」表示直角）

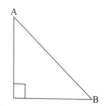

(4) 在數學題目裡，使用插入與強調數量的提示，例如：一打 = 12 枝；一台斤 = 0.6 公斤；1 小時 = 60 分鐘等。

(5) 對圖形背景形象辨識有問題的學生，對需呈現圖形的問題在排版時需注意。例如：每一面數學試題或文字需做適當排版。

①試卷背景儘量單純，採白色為主，避免雜亂。

②可採方格式做為不同題型之區隔。

③圖形題可皆採靠右邊排版，讓學生清楚尋找到對應之圖形。

是非題

選擇題

題組題

(6) 提供填充題或多重選擇答案的作答方式，同時可縮短選擇題
　　題項的長度，並使用較簡短的描述。

　　【不良例】「神態自若」是形容什麼樣的表情？
　　　　　　　　(1)神情和態度像平常一樣毫不緊張；(2)儀態大
　　　　　　　　方；(3)相貌美好；(4)神情得意

　　【良　例】「神態自若」可形容下列哪一種表情？
　　　　　　　　(1)鎮定；(2)慌亂；(3)煩惱；(4)氣憤

2. 其他建議

　(1) 在試卷的一開始，要提供簡單明確的文字指引。

【例1】本科試卷一張兩面，必須與答案卷一併繳交。

【例2】

【不良例】（　　）台北市是直轄市，台南市是省轄市，高雄市也是省轄市。

【良　例】是非題：全對的題目在（　　）內打√，只要有錯就打×。

（　　）台北市是直轄市，台南市是省轄市，高雄市也是省轄市。

(2) 指導語要簡短。

【例】選擇題指導語：共20題，第1～15題，每題1分；第16～20題，每題2分；共25分。

(3) 題目用字儘量使用簡淺易懂的詞彙。

【不良例】中秋節到了，老師教學生做蛋黃酥，每20個裝一盒要送給學生家長，請問30位學生總共要做多少顆蛋黃酥，才能剛好送完？

【良　例】每20個蛋黃酥裝一盒，30盒總共要多少個蛋黃酥？

(4) 減少題目的數量：針對特殊學生評量需求，酌減試題題數及改變考試題型，如以多選題取代計算答案，或逐步列出公式依序給分，而非只看答案結果。

(5) 題目和作答空間要合宜，避免太少的作答空間。

(6) 使用容易辨識的字體：如標楷體或新細明體，避免使用POP等變形字體，另若為注音字體務必注意破音字之標示，如印刷要清楚，避免印刷模糊或灰階色差不明（如：算出陰影部分

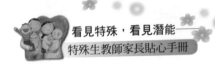

面積）。

3. 其他在考試結構部分可能的調整

(1) 分段考試，使得學生能維持較佳的專注力。

(2) 區隔試題的每一大題，留下足夠作答的空間。

(3) 能將題目從具體到抽象加以排列。

(4) 呈現連續性及學生能遵循的指導語。

(5) 一行只出現單一個句子，使學生能容易閱讀題目。

(6) 每一大題能舉一個例子說明題型。

(7) 界定題目中提及的術語，如副詞、化學變化等。

(8) 考前提供樣本試題，以供練習。

(9) 在各大題標題加以標示。

(10) 視學生需求提供點字、放大字體、本國語言或錄音帶。

二、變通的考試場所

　　允許身心障礙學生在一個變通性的環境進行考試，例如：腦性麻痺的多重障礙學生可使用輔具及單獨的無障礙空間考場；注意力缺陷過動症或妥瑞氏症的學生可在單獨考場或畸零考場，以避免影響他人；無汗症的學生可調整至有冷氣的教室應考。其他相關可採用之措施如下：

　　1. 在隔離環境小組進行考試。

　　2. 在隔離環境個別進行考試。

　　3. 提供特殊燈光。

　　4. 提供可調整的桌椅。

　　5. 提供特殊音響。

6.在最少干擾的環境進行考試。

7.小組，但在個別學習桌進行考試。

8.考試地點在普通班以外的學校場所。

 # 三、變通的考試實施

1. 可執行考試的實施建議

(1) 把冗長的數學題目刪去一部分。

(2) 若學生有左右混淆的問題，可以在題目的一開始，使用一個綠色的點，在題目的結束處，使用一個紅色的點。

(3) 標明題目重要的字。

(4) 為了避免學生的分心，可以提供有顏色的筆。

(5) 調整試題的份量或考試時間：允許身心障礙學生將試題分為兩半，分為兩天進行考試；允許身心障礙學生一半試題在教室考，而另一半試題在資源教室考，或是回答較少的試題。

(6) 學生有基本概念但囿於記憶缺陷，而造成考試困難者，可允許學生使用計算機和九九乘法表。

(7) 提供策略步驟提示卡及報讀題目。

(8) 提供口語和文字的指引。

(9) 口語和紙筆的作答方式。

(10) 移除黑板上會影響專注力的事物。

(11) 在黑板上提供考試指引，且在身心障礙學生的桌上也提供考試指引。

2. 施測者可實施的調整

(1) 教師或監考人能提供學生指導語或讀題。

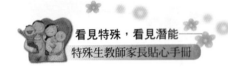
(2) 請學生重述指導語，以確定其是否理解題意。

(3) 使用錄音記錄學生的反應。

(4) 提供額外的時間。

(5) 把考試劃分成好幾個部分，在不同時間實施考試。

(6) 在考試時，允許學生使用筆記與提供定義。

(7) 提供學生數學與科學的公式，以減低他們因記憶的障礙而影響作答。

(8) 考試結果的計分依比率原則調整。

四、各障礙類別考試評量之調整方法

1. 聽覺障礙
   (1) 安排手語或口語溝通之監考及服務人員，擔任監考及服務工作。
   (2) 提供「溝通輔助」措施。
   (3) 錄音及報讀服務、提醒、手語翻譯、助聽器、代抄筆記。
   (4) 座位不宜太後面、擇安靜地區避免噪音。

2. 腦性麻痺：身體協調性不佳致書寫試卷有困難者，提供電腦及磁片，協助應考人作答。

3. 肢體障礙
   (1) 提供「行動輔助」措施。
   (2) 提供體育器材、機能訓練器材及合適之課桌椅。

4. 智能障礙
   (1) 依其程度安排學習內容。
   (2) 適性調整教學策略及教學法。

5. 視覺障礙

(1) 先做測試，視其能否看到手的晃動？能否分辨顏色？能看到多大的字體？再決定用何種方式幫助考生。

(2) 點字試題、語音試題、點字機或點字專用電腦等。

(3) 提供「視覺輔助」措施。

(4) 錄音帶、教師口語詳述、實作模型操作、使用錄音繳交作業及考試、盲用電腦、擴視機、點字書籍、放大書籍、有聲圖書。

(5) 標示及文字應採顏色明度對比強者，並適當採光。

(6) 報讀的速度一秒一字、語調平穩勿忽大忽小、口音清晰，避免過重腔調。

(7) 圖形題：可用細膠帶在圖上貼記號，讓視障的考生可藉由手指的觸摸瞭解。

(8) 題目分句、分段誦唸，先把圖形放大，再用細膠帶沿圖形上的線條黏貼。

6. 學習障礙

(1) 延長時間完成書寫。

(2) 延長考試時間。

(3) 沒有拼字錯誤的處罰。

(4) 座位可空選擇。

(5) 錄音帶的紀錄員。

(6) 減少家庭作業。

(7) 利用老師的備忘錄。

(8) 對於考試及類型問題不明瞭時，可協助澄清方向及問題。

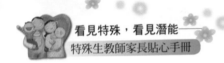

7. 注意力缺陷過動症

(1) 應安排一個安靜及較少干擾的考試環境。

(2) 在學生作答時，可以口頭的方式提醒學生把每一題的試題看完再作答，並於寫完考卷後再檢查一遍。

(3) 提醒學生在拿到考卷時，應先確定考試內容，看清楚命題方式，看完題目再作答。

(4) 答題時，可利用考卷或墊板把後面未作答的試題遮起來，以專心做某一題。

(5) 利用直尺放在該題目的下方，避免看錯行。

8. 學習障礙／注意力缺陷過動症伴隨記憶力缺陷問題

(1) 臨時想不起答案或是公式時，不要一直把注意力停留在這個問題上。

(2) 從跟問題有關的答題線索項目上回想。

(3) 可由回想題目出自於課本何處，或是當初聯想時的關鍵詞，來蒐尋答案。

9. 學習障礙／注意力缺陷過動症伴隨知覺障礙問題

(1) 考試時必須運用到感官知覺。

(2) 若不能由字形來認字時，可一邊寫字一邊小聲朗讀該音詞，藉由聽覺來校正其視覺理解問題。

(3) 教師問問題時應放慢速度。

(4) 教師話語應簡單明確。

(5) 加強關鍵字的語氣。

(6) 鼓勵學生聽不懂時舉手發問。

(7) 給予充足的作答時間。

10.學習障礙／注意力缺陷過動症伴隨閱讀障礙問題：可能發生相似字辨認困難、跳行、漏字或增字、無法理解題目內容等問題。

(1) 遇到不懂的問題或看不清楚的字隨時舉手向監考老師發問。

(2) 要求學生在題目的首尾加上記號，提醒學生要一字不漏的看完題目再作答。

(3) 作答時用手指著字或拿筆在旁邊跟著指讀。

(4) 將題目的關鍵字特別加註，幫助理解題目的問題。

(5) 給於報讀服務或延長考試時間。

11.學習障礙／注意力缺陷過動症伴隨書寫障礙問題

(1) 寫字時若字體歪歪扭扭或有疊字的現象，可在試卷下方墊一張有格線的墊板，以力求字體的整齊。

(2) 若是對文字筆畫書寫有困難的學生，可以提醒學生在寫字前，先想一想該如何寫這個字，以及該字的字形特徵，然後再下筆。

(3) 若真的無法改善，再改成電腦作答、口試或是重謄答案卡的考試服務措施。

12.學習障礙／注意力缺陷過動症伴隨數學理解及運算困難問題

(1) 將題目中重要的數字或關鍵問題做記號。

(2) 可用畫圖的方式把題目畫出來，以幫助理解。

(3) 做完整份試題後，可於考卷末端提醒學生驗算，避免因粗心而寫錯答案。

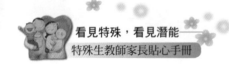

23 談情緒行為障礙學生融入普通班的迷思與對話

　　時間就像一張網，你撒在哪裡，你的收穫就會在哪裡。情緒行為障礙學生在 2009 年正式納入特殊教育十二年就學安置輔導的範圍，大家慢慢會明白，早期的輔導與教育，會比日後處理學生及社會問題要更有效率。雖然在國中小的輔導及特殊教育還有許多地方待努力，例如：國小尚無專任輔導教師，或是特殊教育對情緒行為障礙學生的支持系統嚴重不足等問題，但情緒行為障礙教育終究跨出了重要的一步。然而情緒行為障礙學生在特殊教育的融合教育趨勢中，一直是較難以被普通教育接納的一群，有一些教學及輔導上的迷思，可能需要我們再深思。以下是我在國中小校園中常被問到的問題，或許可以提出來討論，讓大家對情緒行為障礙學生有更進一步的瞭解。

1. 情緒行為障礙學生是否能只靠愛心耐心恆心毅力的教法來改善？

　　對情緒行為障礙學生來說，輔導或可解決 95%的問題，但有 5%需靠藥物治療及認知行為改變技術，所以在必要時需請家長協助帶學生就醫及服藥。此外，教師需有認知行為改變技術的知能，在學生有醫療照顧，不再對教導聽而不聞或視而不見時能給予結構式教學。2013 年 1 月 23 日修正公布的《特殊教育法》第 17 條，為加強學校協助各類身心障礙學生接受鑑定以確認後續服務，明定：「……監護人或法定代理人不同意進行鑑定安置程序時，托

兒所、幼稚園及高級中等以下學校應通報主管機關。主管機關為保障身心障礙學生權益，必要時得要求監護人或法定代理人配合鑑定後安置及特殊教育相關服務。」

2. 問題學生進入校園，教師要怎麼辦？

建議老師要先能體會沒有問題學生，只有學生問題，才能不任意作價值判斷，能溫和且堅持地循序漸進誘導學生去解決自身的問題。在特殊教育領域，我們很少說誰是好老師或壞老師，通常對身心障礙學生來說，教學風格及學習風格是否能適配才是較重要的事。依據現已修正接近完成的《高級中等以下各教育階段學校身心障礙學生就讀普通班實施辦法》草案中第4條規定：「學生就讀普通班，學校減少班級人數之條件及核算方式如下：依據鑑輔會初步綜合評估，普通班每招收一名學生，減少該班人數一至三名。」第 6 條規定：「學生就讀普通班之班級安排，應由學校召開特殊教育推行委員會議決議，依學生個別學習適應需要及校內資源狀況，選擇適當教師擔任班級導師。並依下列原則處理：一、應依學生之個別化教育計畫予以安置，計畫變更時，應重新評估其安置之適當性。二、應盡最大可能使身心障礙學生與其他學生一同接受適當之教育。三、身心障礙學生身心狀況明顯改變或有不適應情形時，得調整其安置方式；並不得以課業成績作為使該學生離開普通班之唯一因素。學生就讀國民教育階段，以適性平均編入各班為原則且每班不得超過三名，不受常態編班相關規定之限制。」例如：注意力缺陷過動症的學生需要溫和包容或是具體育專長教師，正如同亞斯伯格症學生需要符合他學者天賦專長或是遇事嚴謹、言出必行、規則明確的老師。

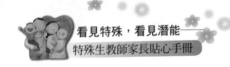
看見特殊，看見潛能——
特殊生教師家長貼心手冊

3. 學生家裡的人都不管他了，我又能如何呢？

其實人生有兩大悲劇，一個是得不到想要的東西，另一個是得到了不想要的東西。情緒行為障礙學生何嘗不想做個好學生，擁有快樂的家庭生活，但因其症狀致使家庭失能或是不穩定的因素較常人高，同時還可能有一定比例的情緒障礙學生是因遺傳而致病，在跟家長溝通的過程會使教師備感辛苦。所以許多老師或許還沉浸於社會上一般的說法：「問題學生多來自於問題家庭」或是「學生問題多數植基於家庭，開花於學校，結果於社會」。建議老師在輔導情緒行為障礙學生時，可能不要再執著於須先改變家庭，才能改變個案的觀念，而是可以轉換思考方向：是否須先改變個案，他的家庭才能跟著改變。而且學生只要肯上學，就給予我們很大的機會及很多時間可以去改變他。在輔導及教學上，只要學生肯靠近我們，成功的機會就有 50%以上！

4. 跟他講什麼，他都不聽，我又能如何呢？

情緒行為障礙學生多數有注意力及記憶力問題，並常伴隨學習上的挫折感，所以在跟他們說話時，除了注重一般的輔導技巧外，誠懇及不任意做價值評斷、使用中性語句及事實陳述的方式是非常重要的。孩子能分辨誰是真心愛他的，如果誠懇，即使偶爾可能略有偏頗，孩子仍能接納我們；但若不誠懇且又帶價值評斷，每次的談話或處理只會使孩子更遠離我們。所以我常建議老師跟學生打招呼，不必慎重其事，但需真誠中性。也因他們較易有注意力及記憶力問題，所以在誘導學生往適性學習的方向走時，使用符合學生邏輯的焦點句式提醒能在短時間內引發省思，同時也較易印象深刻，這是我自己在輔導該類學生時常用的方法。試

102

舉數例說明如下：

(1) 學生抱怨說：「為什麼人生這麼不公平？」我們或許可以回答：「人生本來就是不公平的，但我們還是可以選擇活得很好！」

(2) 學生說：「我死也忘不了他這樣說我！」建議回答：「用一句話來概括你所有的不幸與不公平，並把它裱框起來，然後問自己：『十年後，這還重要嗎？』」

(3) 學生說：「經歷過這種事，我完蛋了！」建議回答：「傷痛與不公平，不在怎麼忘記，而在是否有勇氣重新開始。」

(4) 學生說：「他憑什麼這樣看我？」建議回答：「雖然我們有許多問題，但只要沒有傷害到別人，別人怎麼看你，根本不關你的事！」或是「解決問題比關心別人怎麼看我們更重要！」

　　一個人能走多遠，要看他有誰同行；一個人有多優秀，要看他有誰指點；一個人有多成功，要看他有誰相伴。如何能同時扮演情緒障礙學生的良師及益友，同行、指點及相伴，可能就要看我們的智慧！

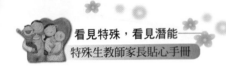

24 與自己競爭　跟別人合作
——談社交技巧分組法

　　有一次參加公視節目，由李四端先生所主持的「爸媽囧很大」注意力缺陷過動症專題時，與會的來賓中有一位現已就讀大學的過動症女孩提到成長歲月中朋友對她的重要性：「我當時覺得每天都不順，也曾想過自殺，反正就是不會有人理你，還有人會傷害你，直到我遇到一個願意跟我做朋友的人，她常常會主動來找我，聽我說亂七八糟的事，我的世界才慢慢變好，所以我覺得她對我的人生很重要……」當時雖然在錄影，但女孩的話卻讓我眼前閃過無數個這些年來在各種校園中我所看到的不愉快、多數時候是孤獨的身影。他們也在人群中，但像活在魚缸中的金魚一般，看起來自由自在，卻無處可去！

　　融合教育說了多年，而情緒及行為障礙學生在各處仍然幾乎是難於融入群體，其實若在一些小細節上多注意，可能會讓情緒及行為障礙學生在融入班級的過程產生一些化學變化。例如：分組活動在教室中是常見的課程活動之一，我觀察到大部分的老師在分組時多採用自願分組或是強制分組的形式，而這種分組方式正是最容易讓情緒及行為障礙學生在班級中無法正常融入團體、容易被標籤的可能原因之一。

　　自願分組是老師最常採用的方式，但常常一宣布完幾人一組之後，我們便會見到教室中有許多學生很快的自成一組，而有一

些學生卻孤伶伶的坐在自己位置上，彷彿分組的事與他無關，也不會有那一組學生邀他加入。當班上有好幾個分不到任何組的同學時，老師通常會下一個指令：「沒有分到組的在同一組！」但這些沒分到組的學生未必能接受彼此，因而這些撿剩的人分在同一組後，他們可能會選不出組長，做事時沒有人願意規劃，所有狀況都可能出現在這一組。所以只要這樣分組一次，在下次有不同科目分組時，其他組的成員可能會變動，但這組孩子因大家都知道他們事事都是班上的最後一名或是搗蛋者，就更少有人願意邀這組原有的任何成員加入。

　　老師往往會在此時覺得事情不能再這樣繼續下去，擔心素質一直很不整齊的這一組會影響整個班級氣氛，所以極可能會強迫班級改採強制分組。這時會產生另一種情形，因多數品行及成績優異的學生常無法體會為何會有人「品學兼憂」，就如同情緒及行為障礙學生無法體會何以會有人一直能維持高標準的「人中龍鳳」；如同 95 分的孩子無法體會何以會有人考 5 分，5 分的孩子也很難理解何以有人能每次維持成績 95 分以上。所以 95 分的學生在聽到老師強制分進來的名單時，常會不自覺的脫口說出：「死了，我們分到腦殘的！」、「完了！丁丁在我們這組！」、「沒救了，一定會被扣分扣死！」等話語。敏感的情緒及行為障礙學生聽在耳裡，往往會產生極度自卑後的極度自尊現象，常常會事事故意與組裡同學唱反調，或是常越想表現及幫忙，以證明自己不是別人口中的腦殘或是丁丁，在遭到拒絕後，產生玉石俱焚的念頭。

　　所以建議老師可在一開始分組時採取兼容自願與強制分組方式的社交技巧分組法。這種方法之所以被我稱為社交技巧分組法，

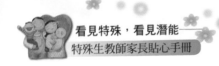
最主要是希望我們情緒及行為障礙學生能在其間經由與自己競爭、跟別人合作的方式習得社交技巧，找到學習環境中的顯著他人以走過青澀的學習歲月！設計社交技巧分組法若以現今一般班級為三十人來運作，第一步驟為選出組長五人，希望老師能盡可能將當組長的標準及原因講清楚，避免孩子在不清楚候選人應有條件的情形下採「陷害」的方式亂選，以條件「或」而非「且」的方式擴大組長候選人的合格人選，如此可增加孩子的參與感。例如：要選數學小老師，我們可將條件訂成，須上學期數學90分以上，這樣才可能教同學數學，符合這些條件的有……；或是可以每天早上七點半以前到校幫老師發考卷，符合這些條件的有……；或是每次數學作業都有交，可以幫忙老師收作業，符合這些條件的有……。

　　第二步驟則是由選出的組長自行找同組夥伴二人，所以共會有十人再被分組，而組長在選夥伴時，因剛剛老師提醒的標準及人名言猶在耳，所以感性的好朋友及理性的數學小老師標準會同時被考量。第三步驟則將剩下的十五人以抽籤方式每組分三人，但建議老師在抽籤時可略施以小技巧將情緒及行為障礙學生適性均衡分入各組，這樣的方式可使每組素質及競爭力較一致，同時兼採自願及強制分組的優點。

　　教師在設計分組競賽的成就標準除多元外，要盡可能設計成使學生能與自己競爭、跟別人合作。與自己競爭的部分，例如：進步最多獎、訂正最棒獎、成績最佳、表現最好等；跟別人合作的部分，例如：最佳小老師與最佳學習獎、最佳小幫手與合作獎等。成績越好的孩子會越愛成績，所以老師可規定只要小老師自

己選的學生，成績進步的分數可累積在自己的學習分數上，例如：小老師將一個學生的成績由 20 分提昇到 50 分（最佳學習獎），進步的 30 分可累積在自己的教學分數上（最佳小老師獎）。每滿 500 分，老師加總成績一分，或是讓自己協助的對象記得帶上課必用品的次數提昇，也可讓協助與受協助對象同時加分。如此的設計，會使班上品性或成績較差的孩子，有越多品性及成績較好的孩子願意去帶他們。在學習環境佈置上，可同時採用一些正向焦點句來闡釋何謂友情及社交技巧，例如：「當大部分的人都在關心你飛得高不高時，只有朋友會關心你飛得累不累。」、「朋友，就是知道你一切缺點而仍然愛你的人！」、「你不需要每次都吵贏，我們可以同意我們不同意的！」、「搬走別人的絆腳石，會給自己帶來更大的成功！」、「解決問題比關心別人怎麼看我們更重要！」等，這些焦點句若能被理解，將能協助我們情緒及行為障礙的孩子以較柔軟平和的方式融入班級中。

　　其實我常在想，人生而獨特，但教育常想把人變成複製品，而執行者正是我們老師。所以在讓每個孩子融入群體時，請小心的幫他定位，請仔細的保留每個孩子的獨特性及開發他應有的潛能，有時要讓孩子明白人生雖然不公平的，但我們還是可以選擇活得很好！

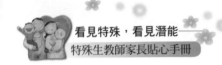

25 獨特而分別之愛

——讓情障生融入普通班

　　肢體障礙的孩子，老師通常不會要求他體育課得優等，如同智障的孩子，老師會適度降低課業的要求，顯性障礙的孩子在融入普通班的過程中，通常較能得到諒解與協助。但隱性障礙的孩子卻常在融入普通班過程中，會遭遇老師針對他的障礙點去要求，例如：學習障礙的孩子反而被要求主科學習要佳，而忽略了其實他的藝術天分可能是讓他融入班上的利器。也如同注意力缺陷過動症的孩子，老師會希望他安靜坐著，而不會想到應給予孩子規律的運動習慣或是合法的活動機會，以在宣洩精力後能安靜坐在課堂融入教學情境。甚至容易忽略季節性情緒障礙的問題，也就是當人體不能接觸到充足的自然陽光時，進入眼睛的光線無法刺激松果體分泌容易讓我們產生正向情緒的血清素，反而會讓體內的褪黑激素一直無法下降，而產生各種生心理的健康問題，如同人們在日照較短的冬季常會心情較低沉。所以若能落實上體育課，甚至讓孩子參與運動性社團或養成晨跑晨泳習慣，也可能會是注意力缺陷過動症孩子能融入班上的管道之一。

　　沒有人不想做個好孩子，但每個孩子也是獨特的，如果能想清楚這點，或許我們更該在這些帶著先天易受正常同儕排擠特質的情緒及行為障礙學生融入普通班時，不是採取消極隔離，例如要大家不理他或是將他的座位排在班級最後面的空地上，也不是

採取違反他行為特質的嚴格常規處理，讓他被標籤後難以交到朋友。依我平常在校園課堂的觀察，其實大部分的普通學生都知道班上哪些孩子「怪怪的」，也明白他們一時之間不可能改正。所以建議老師在處理相關問題時，盡可能秉持情感贊同、價值中立的原則，給每位孩子獨特而分別的愛，協助普通孩子瞭解「沒有問題學生，只有學生問題」的概念。情緒及行為障礙學生只是問題比我們一般人要多、廣、或是嚴重，他也很想努力克服他的問題，但需要大家的協助及策略。

　　若是依循前述原則，情緒及行為障礙學生在普通班上雖然常是大家告狀的對象，但建議老師們不一定每一次的糾紛都要處理及斷是非，因為普通學生和情緒及行為障礙學生的日常衝突常無是非對錯可言，因普通孩子會感受到衝突，但情緒及行為障礙學生可能是因空間感不良而一定要碰觸別人或是力道難以拿捏，若每次都要斷是非，可能常淪於各說各話或是造成親師溝通問題。在校園中最常見到一個學生可能鼓足勇氣來跟老師報告：「老師，○○○又亂發脾氣跟摔東西！還丟到我！」忙亂異常的老師可能立即自動化反應：「你去把他叫來！」所以告狀的孩子一定要暴露自己的身分去找肇事者，還要負責對質。每次看到這種場景，總會想到一個哭泣慌亂的人跑進警察局報案：「我被鄰居毆打了！」坐在服務台後的警察因為司空見慣而立即反應：「你去把他帶來！」的荒謬景象。但這卻是在校園中天天上演的劇碼，於是會有一個恐懼的學生及一個憤憤不平的學生站在老師面前，而老師的處理通常非常「鋸箭療法」，老師會說：「○○○，你剛有沒有亂發脾氣跟摔東西！還丟到×××！」○○○會回答：「我

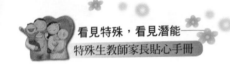

沒有……」或是「×××也有丟我！」老師會繼續說：「如果你沒有做，×××怎麼會跑來跟老師說？×××，你說有沒有？」因為下課只有十分鐘，所以老師可能快速決定採信×××的話而處罰○○，這易造成○○○及×××兩位同學結下梁子，同時日後可能會有更多告狀行為。也有可能因老師釐清不了雙方之間的恩怨情仇，而決定兩個都處罰，造成雙方都覺得老師不公平，日後採私下解決，而不再讓老師知道。

前段的例子若是改採獨特而分別的愛的處理方式，亦即每位學生都有權利享受老師所給予的適性之愛，則剛剛的例子應該要將兩位孩子分開處理。校園中會來告狀的×××這種孩子就如同我前面所說，他們通常也知道○○○有學生問題，來告狀時的心態可能是撒嬌或是生氣，並不一定期待老師會將○○○一次糾正好，他們需要的可能是老師知道他受了委屈的撫慰與自己投訴老師行為正當性的增強，所以老師若採情感贊同，但價值中立，而非處理對與錯的方式去問，可能效果會好些。

例如：等×××說完，我們可以詢問一下現場狀況，看他是否有受傷，同時以情感贊同、價值中立的焦點句增強，策略如下：

1. 讓普通孩子懂得保護自己或是尋求撫慰的行為，例如：「會亂發脾氣的孩子，老師可看多了，但像你這樣能控制自己脾氣，不跟別人一般見識的孩子，老師還滿少看到的，你要不要告訴老師你剛剛是怎麼控制自己脾氣的……」孩子常會一聽，就很受用但羞怯的說：「我也不知道，我只是……」事後老師再自己將○○○找來，對話內容可略陳述發生事實，用同樣焦點句增強情緒及行為障礙學生處理自己不當行為的方法，但句子可

以略做更動成：「會亂發脾氣的孩子，老師可看多了，但會控制自己脾氣的孩子，老師還滿少看到的，你要不要告訴老師你如何才能控制自己脾氣（或是你生氣／無聊時，我們要怎麼做才能幫你）？」所以我們可以在孩子反映時分別與雙方互動，並依據個性及對話內容在每次互動時，協助他們瞭解如何跟對方相處的方式。

2. 讓普通孩子學會如何跟情緒及行為障礙孩子相處的策略，例如：「你越有反應，○○○會越喜歡逗你，你下次要不要試試先不要有反應，在心裡默數五遍 1～20，每一次重數時，你看看○○○的反應會有什麼不同。」孩子通常會在下次跑來跟你分享策略的結果，我們則可據以再做修正，直到普通學生找到與情緒及行為障礙學生相處的適性模式為止。

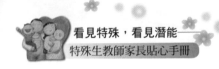

26 營造接納　減少霸凌

　　這幾天報章上又有屏東校園霸凌的相關新聞，但因「傳聞」傷人的女孩是啟智班的學生，所以一時之間，身心障礙學生的霸凌與被霸凌情結又再被挑起。事實上，身心障礙學生常因各種危險因子（例如：低自尊、低社經、低社交技巧等）較易成為霸凌或被霸凌者，而又因缺乏各種保護因子（例如：家庭支持度、親密好友、興趣嗜好、團體接納等），所以較缺乏復原力。

　　在這新聞之後，報章及網路上又開始有一股聲浪，建議恢復教師的體罰權，甚至出現順口溜：「在台灣，想賺錢的就當醫師，想出名的就當律師，想累死的就當工程師，若想活活氣死的就當老師吧！」但難道在有體罰的時代，我們就沒有霸凌嗎？這讓我想到一則有趣的小笑話：

　　有一天，有人走進餐館，點了一份湯，服務員馬上幫他端了上來。

　　服務員剛走開，他就嚷嚷起來：「對不起，這湯我沒法喝。」

　　服務員重新給他上了一碗湯，他還是說：「對不起，這湯我沒法喝。」

　　服務員只好叫來經理。經理畢恭畢敬地朝他點點頭，說：「先生，這道菜是本店最拿手的，深受顧客歡迎，難道您……」

　　「我是說，湯匙在哪裡呢？」

　　這讓我想到有錯就改當然是件好事，但我們卻常想改掉正確的，留下錯誤的，結果成為錯上加錯。整個教育改革的過程，禁止體罰或許是目前社會大眾認同度最高的，但我們是否應深思在禁止體罰的過程中，教師是否也一併放棄了自己的管教權。或者在責怪身心障礙學生是霸凌或被霸凌的高危險群時，以一句：「我又不是學特教的！」放棄了溝通，也或者我們從未真正站在對方角度去協助他們融入班上，進而避免學生霸凌行為或成為被霸凌的犧牲者！在教育部擬引進各類專業進入校園，輔導學者呼籲注重溝通技巧，教師強調加強品德教育，家長要求投注更多教育經費的同時，我們是否該深思在現今幾乎每個班上都有身心障礙學生，班級整體氣氛的營造是件很重要的事，如何能達成「人人有事做，人人很快樂」的目標。人人有事做是較易達成的，因要求每人罰寫，這也是人人有事做，但要在有事做的時候，人人很快樂，可就需要一些技巧讓每個孩子在班上都能享有尊嚴與自主權了。我覺得有一些小技巧或活動可以融入班級經營中，營造接納的氣氛，進而減少霸凌行為，分享如下：

1. 班級就是一個大家庭與時間獨占性

　　現在孩子生得少，過往兄弟姊妹多時，在家中視為理所當然的一些活動（如玩大富翁或是撲克牌的吹牛遊戲等）或是折衝樽俎（如爭執與和好的過程），現在必須在教室內才能達成。所以建議老師在一開學營造班級氣氛時，除了可以在班上放一些需合作一起玩的棋類或是桌遊遊戲，鼓勵大家可以一起玩外，也可以反覆說明一個概念：「我們○年○班就是一個大家庭，同學就是我們的兄弟姊妹！」可以先詢問同學家中有幾個兄弟姊妹，再詢

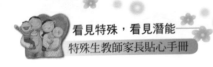
問知道全國有多少國小或是國中生嗎？呈現在眾多學生中因為有緣，我們這三十人才能在同一班，而且在生命中的○年至○年，因時間的獨占性，這一段時間是永遠不會磨滅的，再帶入是兄弟姊妹便應互相照顧，老師覺得有自信的人便懂得如何愛護自己的兄弟姊妹，只有沒自信的人才會連自己的兄弟姊妹都欺負，避免關係霸凌現象在班上出現。

2. 教導理性思考的概念

理性思考的第一步驟即是凡事以事實為基礎，所以如果孩子抱怨他人緣不好，我們便應請問他用過哪些方法交朋友，而非立刻建議方法；第二步驟則是所有決定應符合能保護你的生活的、能使你更迅速達到目標的、能使你和別人保持良好關係及防止人際衝突的發生等三要點。所以在遇到挫折時，解決問題更應衡量前面三個重點，甚至有些話該不該說，思考過前述重點後，會使我們言語更中肯。

3. 推展友善運動

這要從老師開始做起，畢竟沒有快樂的老師，不會有快樂的學生。雖然現今教育的工作環境壓力越來越大，但我總是勉勵自己，如果我要投注一輩子做一件事，那麼我一定要快樂的做，同時學會真心接納，才能擁有永續的成就感與快樂。而事實上，改善班上人際關係的方法很簡單，第一就是要能叫出同學的名字，記住，是名字而非綽號；第二就是面對同學能保持微笑，這真的很神奇！剛開始時同學們總是會不習慣或是互相嘲笑，所以老師一定要帶頭做，習慣之後，班級氣氛自然會有很大改變；第三便是鼓勵同學互相在班上做至少四件事：一是真誠的關心同學，二

是聽同學談他的事，三是談同學喜歡的話題，四是覺得同學很重要，訂定獎勵制度鼓勵做到的同學定期在聯絡簿上的小日記寫下過程與感想。當班級氣氛達到一定程度的融洽時，我們可以鼓勵同學設定願景一起來完成，例如：捐獻小額零用金一起長期認養家扶中心孩童；設定目標與偏鄉或是其他學校做交流；與學校特教班或是附近教養機構合作一日志工活動等。

4. 把一切平凡的事做好就不平凡，把一切簡單的事做好就不簡單

其實我覺得最簡單的就是老師在打掃時間一定要跟著學生下去做，而非僅是事後檢查。古人所謂的灑掃應對進退，現今日本所推展的所謂實踐清掃學，秉持與其說一百句話，不如做一件事的教導原則，例如：日本愛知縣西尾高校老師高野修滋成立「便教會」，教老師放下身段與孩子一起洗廁所，由勞動中學會謙卑與寬容，環境乾淨後，孩子會覺察、感動與改變。而經由自己所完成，更是一種無法取代的成就感。也建議老師們一定要儘可能所有課都按課表上，而且每種課都要上得出色。讓每種孩子都有他發揮的餘地，班上同學可以享受一起工作的快樂，無論是烹飪的活動或是童軍活動，甚至藉由體育課一起養成規律的運動習慣。在人人有事做，人人很快樂的班級，相信各種霸凌行為都會自然減少！

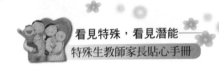

27 談霸凌受害者的復原力

在許多人的童年記憶中，總是會有一兩個國小或國中同學受到欺負與打壓的畫面，這個時候，我們是要選擇出面維護他？還是不發一語的做旁觀者？抑或好玩的加入起鬨？相信這是許多人在自己求學時常有的經驗。而最近，校園霸凌似乎成了眾所矚目的焦點，也似乎每個校園中無時無刻均在上演霸凌行為，一向被認為最安全的校園似乎成了最不安全的場所。於是老師們出來呼籲恢復管教權，家長們要求嚴加處理霸凌行為，教育部長亦親至校園處理，立法委員們更是每日一揭露。

在大家聚焦霸凌現象的此刻，我希望這不要只是一時的新聞熱度，而應該是種持續的關注與校園結構的調整；希望能在社會少子化的趨勢中檢討校園教職員結構及師生比，更精緻我們的教育；希望能引進專業輔導老師、諮商心理師及社工人員等進入校園，有更多元的專業協助孩子身心靈得到妥適照顧；希望能有更多經費將閱讀、藝術、音樂、社團活動送進校園，讓每位孩子的多元智能皆能因而發展，找到自己人生的定位；希望校校皆能有特教支持系統的進駐，使天生偏才的孩子不致遍體鱗傷，心中懷有怨恨，而能在求學路上適才適所；希望所有大人們都能明白跟孩子相處時更重要的是態度與時間，而非金錢，一個沒有被無條件愛過的孩子，是很難發自內心去愛別人的。但在前述預防霸凌現象的願景一時之間難以達成的困境下，或許如何提昇被霸凌者

的復原力，也是一個需要好好討論的議題，因霸凌犧牲者通常會成為下一個霸凌者。

被霸凌者常因各種危險因子（例如：低自尊、低社經、低社交技巧等）成為被霸凌者，而因各種保護因子（例如：家庭支持度、親密好友、興趣嗜好、團體接納等）或是面對霸凌行為時的外在行為（例如：反擊、回嘴等）及內在行為（例如：哭泣、退縮、自我隔離等）等，能慢慢凝聚出復原力，逐漸回到原有的生活軌道。在不幸事件發生後，老師如何善用前面所提的因素，讓孩子能有更好的復原力呢？我願意分享幾個課堂小活動如下：

1. 找出人際友善區

沒有同儕的肯定，會使孩子成為低自尊者，在過度渴望友誼的過程中常會成為霸凌行為的犧牲者。當學生向我們抱怨他沒有好朋友，全班都討厭他時，或許我們不該給予無謂的同情，或是否認他說的話，告訴他這不是事實。通常自己發現的事實才是事實，所以我們可以協助孩子思索自己真的沒有朋友嗎？真的全班都討厭我嗎？有什麼方法可以交到好朋友呢？我們可以將一張紙畫成三大格，分別列出好朋友區、友善區及不友善區讓孩子自己填，或許孩子填完，在好朋友區真的沒有人，在不友善區有一堆人，但只要友善區有任何一個人，便可證明不是全班每一個人都討厭他，我們即可鼓勵孩子運用可行的方法先從友善區建立人際關係。

2. 找出復原力因素

許多孩子會在被霸凌後產生懼學現象，這時老師可以好好誘導，協助其找出可行的復原力因素，珍惜自己所有，學會不把別

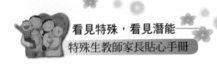

人的過失行為變成自己永遠的傷痛。在誘導過程中，可以協助孩子以正向句方式就以下三個向度去檢視自己所擁有的復原力因素。

(1) 我有（I have），例如：我有愛我的家人、我有健康的身體、我有好朋友等。

(2) 我是（I am），例如：我是一個安靜的人、我是一個遇到失敗能再站起來的人等。

(3) 我能（I can），例如：我能將事情告訴老師、我能跟其他同學正常相處、我能找到好朋友等。

3. 善用對話教學活動

也就是由老師拋出一連串設計好的問題，運用課堂對話方式，誘導學生產生自覺行為。若要討論霸凌行為，可以運用由 Leif Kristiansson 原著，周逸芬譯，和英出版社所出版的繪本《不是我的錯》，該書主要從學校同儕相處的角度來觸發「責任」這個問題的省思。一開始的第一頁是十四個小孩的臉譜，老師可以引導說應該有十五個人，要孩子猜第十五個人到哪裡去了？許多孩子會說是作者自己或是正在幫他們照相的人，但最後一定會有人說類似第十五個人在旁邊哭，沒有進來照相之類的話。接著我們就順勢翻到第二頁，真的在十四個人的臉譜下有一個摀著臉在哭的小女孩臉譜，這時我們可以請班上每一個孩子都從原有的十四個臉譜中選一個他認為最能代表自己的臉譜，選好之後寫在紙上，老師再開始依序翻頁。因為書名叫《不是我的錯》，所以書中的十四個小孩會依序出現說一句話以證明第十五個人的哭泣與他們無關，例如：「那是在下課以後才發生的，不關我的事喲！」、「我沒有看到事情發生的經過，所以不知道他為什麼哭？」、「我雖

然看到了，也知道是怎麼回事，但又不是我！」、「不是我先打他的，是別人先打的，所以不是我的錯。」、「難道我有錯嗎？我總覺得他有點古怪。」翻閱完畢後，我們可以請問孩子覺得他之前選的繪本臉譜者所說的話能代表他意思的請舉手，孩子在這時多半不認為繪本臉譜者所說的話能代表他的意思，這時我們可以要孩子在原來的紙上寫出他覺得什麼樣的話才是自己最應該對第十五個人說的，最後做一個分享活動。若還想有延伸活動，可要孩子們在當天聯絡簿的交流區寫出自己是否曾有當第十五個人的經驗，當時是如何因應或是希望別人如何對待他。討論活動中最好讓孩子體會能認錯是勇氣，但能改過則是智慧。

第三篇

補救教學篇

拼音教學行不行？
——學障學生的入學挑戰

　　注音符號是兒童學習說話及增進識字效率的重要工具，注音符號在國小識字教學中扮演著相當重要的角色，更是兒童學習國字的橋樑，其學習的成敗，對於奠定語文基礎具有重要的影響力。然而，注音符號卻也是許多小朋友在進入國小一年級時，所面臨的第一項挑戰，特別是對於許多學習障礙的學生而言，熟稔注音符號更是份外艱難；學習障礙的孩子們常因在注音符號的學習過程中受挫，而進入資源班。事實上，要一般孩子在十週之內，完全牢記三十七個外形抽象、聲音又相似的符號，同時還要學會聲調及拼讀，已不是一件容易的事，更何況是有學習障礙問題的兒童。

　　我這幾年與其他亦學習中文正體字（例如：香港、澳門等）的地區接觸時，發現他們學習中文正體字時，是採以字帶字的方法學新字的讀音，例如：依然的「依」，旁邊則註明「衣」，而衣服的「衣」旁邊則註明「一」。而大陸地區學習中文簡體字時，則採以英文字母為呈現主體的漢語拼音法，例如：「Ａ＝ㄚ」、「Ｕ＝ㄨ」等，這些方法各有其優弱勢，該使用何種拼音系統，其實可以視學習對象及教材而有彈性的調整，特別是針對有特殊學習需求的孩子；也許在符號辨識方面，部分孩子有可能對以字帶字的方法比注音符號的接收度更佳，教師可以依據個別化需求，嘗試使用不同的拼音系統來指導教學。

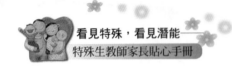
　　注音符號學習的難易程度，一般而言比較容易學的，聲母為「ㄅ、ㄆ、ㄇ、ㄉ、ㄊ、ㄋ、ㄌ、ㄍ、ㄏ」，韻母為「ㄧ、ㄨ、ㄚ」；比較困難的，聲母為「ㄗ、ㄘ、ㄙ、ㄓ、ㄔ、ㄕ、ㄖ」，韻母為「ㄣ、ㄥ、ㄟ、ㄛ、ㄝ、ㄤ」；而結合韻則以「ㄧㄣ、ㄧㄥ、一ㄣ、一ㄥ」較困難。坊間正音班或一般教師在教室中，皆由聲母開始教，再教韻母及聲調。而事實上，在兒童的語言發展系統上，韻母的發展較聲母早，所以建議若面對有學習困難的學生在班上時，可針對其由韻母開始教，再教聲調，因韻母能單獨成音，最後再學聲母及拼音，通常這樣的學習效果會較好。

　　學習障礙學生在進行注音符號測驗時，其錯誤表現以不會拼音最多，不會分辨聲調其次，第三為字形、字音混淆。通常要教好學習障礙兒童，教師最好能熟悉各種教學策略，若甲法不會，即試乙法，因學習障礙學生智力正常，只是可能需要使用不同的學習策略協助其學習。而目前國內常見的注音符號基本教學策略，主要有下列幾項。

一、綜合法

　　教學方式是先讀有意義的注音符號課文，先教完整的語句，進而由語句分析出詞語，由詞語分析出單字，由單字分析出符號，認讀符號後再練習拼音，即將分析出來的注音符號綜合起來。拼讀時採「直接拼讀法」，看到注音符號後，直接讀出字音，而不作各單音之間之拼音練習。所以綜合教學法是先綜合、再分析，最後再綜合的教學法。其優點是有趣味，開始從有意義、有趣味的材料入手，容易引起兒童的學習興趣，符合兒童由整體而部分

的學習過程，反覆練習次數多，使兒童記憶深刻；但其缺點為教學歷程較緩慢。

二、分析法

教學步驟由「ㄅㄆㄇㄈㄉ……」等按順序先教聲符，後教韻符，先學三十七個注音符號，全部記熟以後，然後再教陰平、陽平、上、去四聲，最後才逐漸學習注音符號的拼音、字音、詞、句、有意義的課文，拼音則較重視各單音之拼音練習，較適用於有知識的成人學習。

三、折中法

是一種半綜合、半分析的方法。以「字音」為主，從有意義的單字或單詞教起，凡由一個或兩個注音符號拼成的單字或單音詞都當作一個單位來教，不再分析，如：「ㄆㄧ」披、「ㄐㄧ」雞；凡由三個符號拼成的字，教授時加以分析，如「ㄐㄧㄚ」家，是由「ㄐㄧ」和「ㄚ」拼成的，或說是由「ㄐ」和「ㄧㄚ」拼成的。折中法由字音開始教，再逐漸教詞、句、課文，拼音亦強調直拼法，較適用於會說國語的失學民眾。

四、精緻法

常雅珍於 1998 年提出精緻化教學法，此教學法是以教育哲學語言學課程教學的相關理論為基礎，在分析符號及聲調時，由老師「外加心像」，將無意義的注音符號及聲調，經過精緻化記憶策略之設計予以意義化、具體化，營造生動活潑的教學情境，經

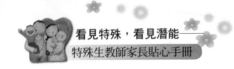

由故事、遊戲、動作、教具等方式，幫助學生有效率的學習。

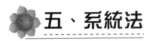 五、系統法

注音符號系統教學法是陳正香於 1997 年提出，其教學原則是：大量利用學生的舊學來學得新學，並從一再的複習舊學中，建立對注音符號的全面認識，以達成拼音、拼寫的教學目標。其教學重點是從韻母開始教起，每一個新單元都是舊單元的一再利用和複習，新與舊的單元內容環環相扣，學生能夠藉由反覆練習而達到精熟的目的。

另外，教師在編製教材時，還可參考以下幾項原則。

1. 常用的注音先教

以學生的學習環境為參考，舉凡生活用品、常見蔬果、糖果餅乾等，都是適合放入教材的元素之一。

2. 容易的符號先教

學童學習注音符號有其發展順序，同時也有學者研究發現，從韻母入門，學生的學習情形較佳。

3. 每個注音符號單獨呈現

避免學生顧此失彼，學會了這個又忘記了那個，同時以系列與累積的方式來設計教材。

4. 形聲相似的符號要分開教學

在初學課程中，避免同時呈現兩個易混淆的符號，如「ㄅ、ㄆ」、「ㄢ、ㄤ」、「ㄝ、ㄟ」等，熟練後再做這些符號的分辨練習。

5. 相似的教材可放在一起教學

　　如果某些教材，在類別上相似，學生在學習時，能達到「學習遷移」的效果時，也可以在課文中同時呈現，例如：「ㄅㄚ、ㄆㄚ、ㄇㄚ」，便可以在學習「ㄚ」的拼音時同時練習。

6. 呈現插圖加深學生印象

　　學生在認識注音符號時，多半都有混淆的問題，但是如果加上插圖，能讓學生得到一個「提取線索」，也比較能讓教材增添趣味性與生動性。但是應避免「為添加插圖而添加」的錯誤，過多不必要的插圖，反而易分散學生上課時的注意力，造成喧賓奪主的現象。

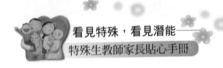
2 識字教學

　　同同是個很可愛的小男孩，口齒伶俐，活潑可愛，但在字形辨識上有極大困擾。媽媽對他的問題很煩惱，而我卻在輔導他的過程中得到極大的樂趣。他讀出來的字簡直像說文解字新版，常讓我跟資源班教師笑彎了腰！

　　第一次見他，他就跟我大談去看兵馬桶（俑）展的經過，還說他們投宿在台北「好菜鴨」賓館，我覺得賓館名字取得有點奇怪，問了他媽媽，才知是「好萊塢」賓館。接著他又把地址415巷唸成415「港」，台灣真是美麗寶島唸成美麗寶「鳥」；隨手拿起報紙讀出：「今後一切要服從中共指示！」我接手一看，原來是：「服從中『央』指示！」這實在是有點離譜了，心想如果不挪出時間接這個個案，以後他可要因字形辨識問題而惹出大麻煩了！就這樣，我開始幫同同分析字形錯誤型態，並建議教學設計原則的生活。

　　同同的字形辨識問題，大都因錯誤的認字線索及字形體辨識錯誤所造成，他對字形辨識的記憶力也極差。當孩子的語文記憶廣度很低，也就不可能把日常課業所要求的字全記住，因此若能先學習於日常生活中出現比率較高的常用字，例如：「我的滷蛋」四字，日常生活出現頻率之高低可能為「的」、「我」、「蛋」、「滷」。藉由常用字之高出現頻率，有助於孩子在閱讀時較易望文生義、觸類旁通，進而提昇其對語文的學習動機，同時以字→

詞→句子的循序漸進方式，教導孩子學習常用字，將該字於句子中呈現時，以不同顏色、放大或劃線的方式來增強視覺效果，必定更能事半功倍。中文字在字彙辨識的歷程中，會被解析成較小部分，若組成部件是常用字時，最易產生分析辨識的效果，所以如果於教學時，能把同音、同義、同部首、形相近或音相近的字放在一起教，將有助於孩子分析字形結構，從已學會的字上學新字的自學能力。同時建議老師把同同常犯的錯誤字製成字卡，置於紙盒或鞋盒中，上面寫上他的名字，成為他的專屬字卡銀行，方便老師促使同同做練習與記錄其學習狀態。

　　同同在老師的悉心教導，與媽媽的配合督促下進步很快，這次教師節接到他寄來的教師卡，上面寫著：「老師阿姨好，『同同』已經很會分辨『同』義字了！」

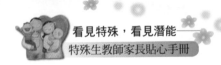

3 識字教學時應對症下藥

　　大約有三分之二的學習障礙兒童，會有語文方面的學習困擾，而在這其中，識字問題更是普遍。常見家長或老師抱怨孩子在識字或寫字時問題重重，但待細問是哪一類問題時，卻又語塞。其實如果能找出孩子錯別字的類型，包括字的形、音、義之任一導致孩子學習錯誤的因素，而歸納其犯錯的原因和類型，便可做為補救教學時的重要參考。

　　國內其實有滿多學者針對學障孩子的錯別字問題作研究，如柯華葳、黃秀霜等，綜合他們的看法，錯別字部分的問題大致可分為下列幾類：

　　1.認字線索錯誤：亦即字本身所提供的線索造成的誤認，如弄不清字義，而錯用別字、同音別字或是音形相近的別字。

　　2.字形體錯誤：孩子會任意創造、增加或減少筆畫數、筆畫位置與方向。

　　3.一般字彙知識錯誤：如不熟悉漢字規則的非字、誤用規則的假字或是過度類化兩個字的合體等。

　　4.書寫錯誤：如書寫過於潦草所造成的錯誤。

　　5.不明錯誤：無法歸於前幾類者，如最常發生於生難冷僻字的胡亂猜測等。

　　當我們能針對孩子的識字錯誤型態分析，而找出其主要的學習問題，進而編製適合的適性教材時，我們才能真正說，我們在

「教」孩子，而不僅僅是胡亂的丟一些評量叫他們書寫，或是盲目的反覆性機械式抄寫。我們甚至可將孩子常犯的錯誤字製成字卡，置於紙盒或鞋盒中，寫上孩子的姓名，即成了他的專屬字卡銀行；孩子也可自製字卡，為字製作圖片或句子，藉由孩子自我蒐集或是教師家長推薦字，可使孩子因擁有的滿足感或是克服學會字之後的成就感，而引發學習動機，字卡銀行也可方便教師或家長敦促孩子做練習與記錄其學習狀態。

　　至於如何針對孩子的識字錯誤型態，編製各類語文補救教學教材，國內的「有愛無礙」網站（http://www.dale.nhcue.edu.tw/）中的 For Teachers 網站，其資源共享區中，有針對學習障礙兒童常犯的識字錯誤類型，如國字與部首、同音異字等發展系列教材，有意更進一步瞭解者，可自行至該網站瀏覽或下載。

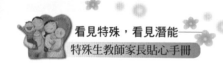

4 學科學習基本入門券
——談識字教學

中國文字又稱為漢字，學習漢字一直存在著「三多三難」的問題，即「字多難記、形多難寫、音多難讀」等情形，使學生在學習漢字上，有相當的難度。

而台灣地區是目前少數在漢字學習上，仍保留與中文古文接軌的正體字學習，是目前世界三大難學語文體系（中文、埃及文及巴比倫文字）中，唯一現代人還能識得古文，且幾無辨識障礙的文字體系，此對文化保存而言，具有相當重大的意義。埃及人站在獅身人面像的金字塔下，也許無法閱讀古埃及文；然而對台灣地區的人而言，讀論語、孟子、黃鶴樓上題的詩詞，與兵馬俑中出土文字，有些或許是因草書或是隸書，需要再作推測，但要讀出大部分的文字，應是沒有問題。只是因為台灣現在非聯合國成員，否則我常呼籲台灣地區民眾，尤其是中文教師，應被列入聯合國教科文組織的世界文明遺產中的無形資產。很高興之前在報紙上看到，曾志朗先生也覺得這是一個很有意義的工作，希望能推動，並讓台灣真正因文化的因素而站上世界舞台。

在學障兒童中，約80%有閱讀障礙的問題，而在閱讀障礙中，識字缺陷占 95%。識字能力之優劣，不但會影響理解和閱讀的基礎表現，同時也會影響學生其他領域的發展。認字包括字形辨認、字音辨讀及字義搜尋三種活動。台灣在近年來，對於識字教學研

究之探討也逐漸多了起來，尤其是在針對識字困難學生的教學方面，所獲得的教學成果大都是正面的；在相關的教學建議中，皆強調運用集中識字教學法、字族文識字教學法及一般字彙識字教學法，而這些方式可能都是普通班教師在課堂上較不會使用的方法。所以如果在一般班級裡，有識字學習困難或是疑似學習障礙學生，普通班教師除了可在經家長同意後，將學生送鑑輔會鑑定以求其與特殊教育接軌外，在安排班上小天使或是愛心媽媽時，也可跟校內或鄰近學校的資源班教師請求協助，使用他們所編的作業單，讓識字學習困難或是疑似學習障礙的學生練習，以避免小天使或是愛心媽媽還要花時間在摸索識字學習困難，或是疑似學習障礙學生學習策略的同時，這些學生可能已因學習挫折而導致喪失學習動機。因大部分的資源班，皆採用集中識字教學法、字族文識字教學法，以及一般字彙識字教學法，前述方式呈現的作業單與教學，可參考「有愛無礙」網站（http://www.dale.nhcue.edu.tw/），若普通教育與特殊教育能做更進一步合作時，識字學習困難或是疑似學習障礙學生，方有可能在課堂學習時，得到全方位的協助。

　　普通班教師如果有興趣自己編製相關教材，也可參考以下的教材及教法示例。

一、集中識字教學法舉例

（一）文字歸類

　　先將字依形聲字歸類、基本字帶字歸類和形近字歸類，舉例如下：

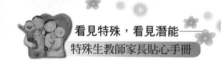
1.形聲字：采：採、彩、睬、綵、踩、菜。

2.基本字：白：泊、迫、珀、柏、伯、舶、怕、拍、粕、綹。

3.形近字：馬、寫、罵、鳥。

（二）文字組合

請將下列的字與「方」組合成另一個字，並寫出注音與造詞。

	艹	女	言	木	戶	土	彳
生字	芳 方	妨 妨	訪 訪	枋 枋	房 房	坊 坊	彷 彷
造詞	芬芳	妨礙	拜訪	枋寮	房屋	磨坊	彷彿

（三）文字的運用與辨別

請參考下列的字，在空格中填入正確的字。

枋　芳　房　妨　訪　坊　彷

1.這個（　　）香劑的味道是薰衣草香。

2.（　　）寮位在台灣南部的屏東縣境內。

3.晚上十點之後要將電視聲音關小一點，以免（　　）礙別人的安寧。

4.薑餅屋是用薑餅和糖霜、糖果組合而成的（　　）屋。

5.以前的磨（　　）是專門將麥子磨成麵粉的地方。

6.這個花園的花開得好漂亮，（　　）佛置身仙境一樣。

7.謝謝您接受我的（　　）問，您的意見非常寶貴。

二、字族文識字教學法舉例

1. 先取基本字，例如：以「青」為基本字，帶出一組字「青、清、晴、靖、靜、睛」。

2. 將此一組字分別造詞，再創作組合成短文或韻文。

3. 教導學生「青」，唸「青ㄑㄧㄥ」，八畫，表示淡綠色，或是美好的事物。

4. 生字教學：

   水（氵）＋青＝「清」：美好乾淨的水。

   日＋青＝「晴」：太陽高照的好天氣。

   立＋青＝「靖」：站立在青草地上，心中很安定。

   爭＋青＝「靜」：沒有爭吵的聲音，很安靜舒服。

   目＋青＝「睛」：雙眼很明亮，漂亮的眼睛。

5. 認識語詞：

   造詞：青→小青　　清→清澈　　晴→晴天

   　　　靖→小靖　　靜→安靜　　睛→眼睛

6. 由基本字→字族→字族文，讓學生在短時間內學會識字、組字概念、字族、造詞、造句、閱讀與創作，可說是一舉數得。

7. 作文指導：

   基本字帶字→造詞

   「青」：「清」→清澈　「情」→心情　「倩」→倩影

   　　　　「靛」→靛藍　「靜」→安靜　「精」→精神

   　　　　「晴」→晴朗　「蜻」→蜻蜓　「菁」→郁郁青青

   　　　　「睛」→眼睛　「請」→邀請

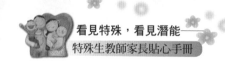
以字族為材料，形成字族文：

> 　　靜靜的河岸邊，流過一彎清澈的溪水。水面上倒映著晴朗的天空。
>
> 　　小青蛙精神好，眨著一雙大眼睛，帶著一副好心情，邀請鄰居紅蜻蜓，快樂地在靛藍的青草地上玩遊戲。郁郁青青的草地上，飛舞著對對雙雙蝴蝶姑娘的倩影。
>
> 　　啊！多麼令人陶醉的一幅風景。

 # 三、一般字彙識字教學法舉例

　　1.分析生字：依照一般字彙知識識字原則，分析字的屬性（(1)組字規則；(2)部首表意；(3)偏旁表音）。

生字	屬性	說明
牽	2	拉著。牛被繩子牽著走。
披	1、2、3	將物品搭在身上。「手」表示動作，「皮」表聲音。
爬	1、2、3	以手足伏地而行。「爪」表示手抓地，「巴」表聲音。
裝	1、2、3	衣著服飾。「衣」表示衣服，「壯」表聲音。

> 師：小朋友，牽手的「牽」是「牛」部，表示以前人在犁田時，要用繩子牽著牛；而「爬」是「爪」部，表示在做爬的動作時，會在地上留下爪印；「巴」表示發音。

2.組字規則練習：將部首與偏旁組合成字。

> 師：請小朋友練習將黑板上的字，組合出另外的字，組的愈
> 　　多，分數愈高喔！
> 　　　　　「巴、扌、皮、氵、口、門」

3.部首表義練習：以問答的方式詢問小朋友。

> 師：聰明的小朋友，想一想老師的問題
> 　　「燈、炸、燒、炮」都是「火」部的字，仔細想一想，
> 　　這些字和火有什麼關係？例如：燈，以前的燈都是要點
> 　　「火」的。

4.偏旁表音練習：找出聲旁表音的字組，讓學生練習。

> 師：請唸出下列的字，並在空格中填上正確的字。
> 　　　　「方、芳、妨、房、防、訪、仿、放」
> ◎（　　）便　◎（　　）子　◎芬（　　）　◎模（　　）
> ◎（　　）礙　◎（　　）下　◎（　　）止　◎拜（　　）

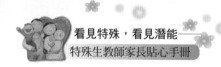
5 打開生命的窗
——談閱讀理解教學

食物能使身體成長，閱讀能使心靈成長。打開一本書，形同打開一扇生命的窗，讀者藉由閱讀，進入作者的智慧結晶，並經歷不同的生命經驗過程，也改變了自己的認知結構。

閱讀對於學習階段的兒童是非常重要的，而學障兒童中約有80%有閱讀障礙的問題，是影響學障兒童最主要的學習困擾。故而如何在增進普通學生閱讀理解能力的同時，也盡可能協助學障兒童提昇閱讀理解能力，是一重要課題，我們可以在教學過程中做一些小小的改變，或許能增進閱讀活動的效能，以下提出幾點建議以供參考。

一、閱讀理解活動的進行原則

（一）先備知識的提昇及運用

在閱讀新文章之前，安排一些時間來協助學生建立與文章相關的背景知識，使學生進入閱讀活動時能夠運用自己的先備（背景）知識，與文章的知識產生連結。在進行教學的時候，教師應鼓勵學生運用先備知識去瞭解文章或預測作者意圖，通常愈能藉由題目及圖片去預測文意的，就愈能統整自己的知識和內容，此方能達到提昇閱讀理解的效果。

（二）適當的學習環境

優質的學習環境才能獲致最佳的學習效果，有豐富且適齡的圖書在伸手可及之處，有會用正向態度鼓勵閱讀活動的師長，有喜愛閱讀及討論的友伴，而非將閱讀活動與閱讀心得寫作、閱讀理解測驗、閱讀背誦練習或家庭作業連結在一起的安排。當孩子能純淨享受閱讀的樂趣，他們才能將閱讀變成嗜好與例行活動，閱讀就會像呼吸一樣自然！

（三）讀書治療方法的融入

學障兒童通常時時刻刻需面對學習困境，易因為伴隨偏差行為，而造成班級經營困擾。讀書治療是一種利用圖書當媒介，激發當事人產生新的認知態度和行為，以解決問題的心理治療方法。教師如能善用圖書的文學內涵、圖片的啟發性，藉由閱讀及討論的互動歷程，促使學生產生新的認知、行為和態度，將不僅能提昇閱讀理解效能，也能協助學障兒童面對日常生活中所遭遇的困境。

二、閱讀教材的編選

（一）重視文章組織結構

好的文章架構可以幫助閱讀者產生適當的故事基模，讓閱讀者從短期記憶或長期記憶中，提取文章所需要的知識進行閱讀理解。因此在進行閱讀理解教學的時候，可以利用故事結構分析法，將整個故事的重要因素以圖表的方式呈現，讓學生可以很快的掌握住文章的重點。

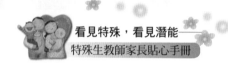
（二）以故事書為教材

在閱讀文體上，依據認知發展，最易理解者為故事體，依序是記敘文、說明文及論說文。而童話故事書尤其在啟發兒童閱讀樂趣上，扮演著重要的角色，因其能以幻想來滿足現實生活中不可能達成的願望，將世界單純化以利瞭解，能以象徵性方式呈現社會所必須遵守的規則與條例，能以戲劇化的方式引起兒童的閱讀動機。

（三）閱讀教材與生活經驗相結合

挑選學生日常生活當中，容易遇到的事件、問題等做為教材，一旦學生發覺所學的知識可以運用於日常生活當中，而且可以解決日常生活當中所遭遇的困難時，學生將更有動機去從事閱讀的活動。

（四）情意教育的融入

情意教育的經驗能夠促進心理健康及潛能發展，並預防問題行為的產生。情意教育可藉由包含閱讀、他人經驗分享、反省、體驗、發表等多元方式的閱讀教學活動，達到理性感性的協調統整，進而涵養人文素養，培養寬容、欣賞、尊重、關懷的態度；而閱讀教學也可以藉由情意的啟發，培養閱讀的興趣，而養成良好的閱讀態度與習慣，實現終身學習的教育理想。

三、可行的閱讀理解策略教學建議

（一）評估學生的先備知識

在進入正式教學之前，教師可先評估學生的先備知識，例如：

◎小小偵探柯南

小偵探！請用你聰明的頭腦找出線索吧！

連連看：把意思相同的連起來。

難過 ＊　　　　　＊整個身體伏在地上。

趴著 ＊　　　　　＊專心、很認真的樣子。

用心 ＊　　　　　＊心裡感到傷心、難受。

（二）推論策略

藉由看圖說故事的方式，可以吸引學生參與學習的動機，並增進學生表達與推論的能力，例如：

◎看圖說故事

小朋友，看看下面的圖，請運用你的金頭腦，根據題目說出一個有趣的故事。

題目：十塊錢

10

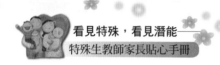
（三）心像法及預測策略

可強迫學生思考故事中的內容，藉以訓練其聯想力、想像力及預測能力，例如：

> ◎預測結果
>
> 　　小朋友，看到「十塊錢」這個題目，你覺得文章內容會是描述什麼呢？發揮你的想像力想一下！

（四）摘述重點策略

訓練學生找出文章中的重點，可以使學生很快的掌握住文章的主要內涵，例如：

> ◎閱讀文章——劃重點
>
> 　　小博士，請你讀一讀這個有趣的故事，讀的時候，請將下面的虛線用筆描一描。
>
> ### 【十塊錢】
>
> 　　放學的時候，小明大聲的說：「我的十塊錢怎麼不見了？」
>
> 　　全班同學聽到了，都趕快幫他找錢。有的人鑽到桌子下面，有的人趴在地上找，還有人翻一翻小明的書包。
> ⋯⋯⋯⋯⋯。

（五）問答策略

訓練學生理解文章的內容重點，例如：

> ◎我問你答
> 請你根據課文內容，回答問題。
> ＊是誰的錢不見了？
> 答：＿＿＿＿＿＿＿＿＿＿＿＿＿
> ＊是什麼時候發現錢不見的？
> 答：＿＿＿＿＿＿＿＿＿＿＿＿＿

（六）澄清疑慮策略

在閱讀的過程中遭遇到困難而無法理解的時候，能夠採取必要的行動，如重讀一次或猜測上下文的關係等，例如：

> ◎自我指導語
> 我遇到不會的語詞一定要問老師。

（七）結構分析策略

如故事結構分析等，能夠協助瞭解讀者對文章內容的認識程度，也能增進其處理龐大資訊的能力，例如：

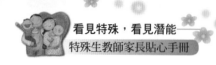
◎故事結構分析

　　聰明的高手，請你根據提示，將故事的重點，填在空格裡。

一、故事情境：故事主角——（　　　　　　　　　　　）

　　　　　　　　發生地點——（　　　　　　　　　　　）

二、發生狀況：小明——（　　　　　　　　　　　　　）

　　　　　　　　同學——（　　　　　　　　　　　　　）

三、事情經過：小明——（　　　　　　　　　　　　　）

　　　　　　　　同學——（　　　　　　　　　　　　　）

四、結果：小明——（　　　　　　　　　　　　　　　）

　　　　　　同學——（　　　　　　　　　　　　　　　）

　　教師在進行閱讀理解教學時，可以先由上述建議的閱讀理解策略，選擇可融入教學活動設計者著手，再依據學生的個別差異及課堂學習狀況做調整，以協助學生不僅能增進閱讀理解能力，也能享受閱讀的樂趣。

6 閱讀障礙者學校閱讀心得寫作生存技巧

　　食物能使身體成長，閱讀才能使心靈成長。悅讀者必然是重讀者，高識字率及良好的閱讀理解策略，才能使兒童真正享受閱讀的樂趣，而成為悅讀者。然而，學習障礙兒童中約有80%有閱讀障礙的問題，閱讀障礙是學習障礙類別中最主要的類型，而80%的閱讀障礙兒童有識字上的問題，其餘則多是受到閱讀理解策略能力低落或是前述兩個問題的交替影響。

　　閱讀障礙最主要的特徵是在閱讀技巧的發展上有特定顯著的障礙，無法完全以心智年齡、視力問題或就學不當來解釋。當兒童的閱讀表現以其年齡、一般智能及學校安置而言明顯偏低時，最好是以個別施予有關閱讀正確性及理解能力的標準化測驗為基礎來加以評估。在學習字母或注音符號書寫的早期，可能在背誦字母、字母命名、發出簡單字音，及分析或分類發音時（即使是聽力正常）會有困難。

　　閱讀障礙在口語閱讀技巧上常出現的錯誤，例如：(1)省略、取代、偏差、加字或加字母等；(2)閱讀速度緩慢；(3)起頭錯誤、停頓太久、在課文中找不到位置或造詞錯誤；(4)句中單字顛倒或單字中的字母顛倒等，這也可能是在閱讀理解能力上有所缺陷；(5)無法記憶所讀內容、無法從所讀的內容中得到結論或推論，及不以從所閱讀的特定故事中所得到的資料，來回答與此故事相關

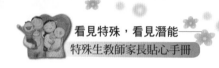

的問題，反而以一般嘗試作為回答的背景資料。根據美國精神醫學會所頒布之「DSM-IV鑑定標準」，閱讀障礙的基本特徵在於其閱讀成就（如個別化標準測驗中閱讀的正確性、速度或理解能力）顯著低於其實際年齡、智力程度，以及教育程度應有的預期水準（標準 A）；它會顯著影響個體的學業成就或日常生活中所需要用到閱讀能力的活動（標準B）；假如個體有其他感官上的缺陷，則其閱讀困難會超過其感官缺陷所造成的程度（標準C）。

　　閱讀能力幾乎是所有學科的基礎，閱讀能力不佳同時會影響數理等科目的學習，造成閱讀障礙兒童在學習數理等科目時，只能處理計算題而無法應付應用題，這是影響學習障礙兒童最主要的學習困擾。在平常上課時，許多老師更忽略了其實對識字困難的閱讀障礙學生而言，課表也是字，國語、社會、數學科課本封面都是兩個字，老師若未特別提醒或是在上課時就先將課本展示給同學看，而是直接說請翻到第幾頁，孩子常會因無法分辨這堂上的是什麼課或是需拿出哪一種課本，又羞於問同學，便可能反而表現出不想上課或是完全不碰課本的反向姿態，老師便會處於天天處罰，孩子卻屢過不改的窘境。尤其在現今校園推廣閱讀活動的同時，隨之而來的閱讀心得寫作，更會讓閱讀障礙兒童聞閱讀而色變，更遑論參加考試時，整張紙皆是文字且需限時完成的恐懼了。

　　其實，多數的閱讀障礙者因受限於閱讀能力，但卻需要在處處需閱讀能力的環境下生存，所以常常會發展出異於常人的創造力。一般學生讀「愚公移山」，讀到最後涵蓋本文大意處，皆能體會本文是在闡述恆心與毅力的意義，但閱讀障礙的孩子，可能

因無法識字閱讀，享受閱讀樂趣，所以常會要求同學「說」給他聽，當其聽完這個故事的大意：「有一個人叫愚公，因家門口被大山擋著，所以他就與子孫們每天一鏟一鏟的想將山鏟平」後，閱讀障礙的孩子可能會直覺反應：「啊！這不就是土石流的由來嗎？」這種心得也是頗有道理，而且是很好的環保概念，只是在閱讀心得寫作時，這樣的答案容易被老師視為搗蛋，也可能是不及格的心得作業。

　　我也曾碰過資源班中閱讀障礙的學習障礙兒童，在馬英九與謝長廷的選舉前夕，興沖沖的告訴老師：「我覺得馬英九一定會贏，而且會贏兩百多萬票！」老師莫名所以的請他解釋原因，他劈頭就是口頭禪：「你很笨呢！」然後胸有成竹的說：「你看蔣介石是高的，傳給蔣經國是矮的，蔣經國又傳給李登輝，是高的，李登輝再傳給陳水扁，是矮的，那你看謝長廷跟馬英九誰高？所以當然是馬英九當選！」標準閱讀障礙者的圖像式思考，老師再度不恥下問：「那你怎知會贏兩百多萬票呢？」學生理所當然的回答：「他們兩個差了快一個頭，拿全國總票數除一除不就差兩百多萬票嗎？」而這個孩子也曾在台灣跟哥斯大黎加斷交時，建議若要增加台灣邦交國，可以將台灣的 360 個鄉鎮各自宣布獨立，然後免簽證，所以我們還是可以開車行走台灣各地，但卻能增加許多邦交國。如果他是在某些地方得到這些訊息，也代表他對政治的興趣；若他是自己想出來的，則頗有表演政治脫口秀的天賦呢！

　　所以，若能維持學習障礙兒童的學習動機，激發其潛能，閱讀障礙者成功的例子比比皆是，例如：娛樂圈中的巨星傑克‧尼克遜、湯姆‧克魯斯、奧蘭多‧布魯、綺拉‧奈特莉、史蒂芬‧

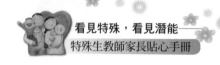
史匹柏等；藝術界中的李奧·達文西、沙芬達·達利、巴布洛·畢卡索等；著名運動員如魔術強森、卡爾·劉易斯、傑克·史都華等；政治名人如溫斯頓·邱吉爾、李光耀、隆納·雷根、亞伯拉罕·林肯、約翰·甘迺迪等；科學家如湯瑪斯·愛迪生、亞伯特·愛因斯坦、亨利·福特、查爾斯·達爾文、艾薩克·牛頓、詹姆士·瓦特等；文學家如喬治·蕭伯納、安徒生、愛德格·愛倫坡、艾米利·左拉等；企業家如維京集團總裁李察·布蘭森等。這些成功者間如好萊塢巨星湯姆·克魯斯自己曾說：「雖然我是天生的左撇子，但卻被強迫用右手，我常常將字寫顛倒，而閱讀對我來說是如此的困難，所以我不得不在特教班上課，覺得大家都當我是笨蛋，羞恥極了。」而因童年常搬家的緣故，使得他在十八歲時，已上過十五所學校，因為頻繁的轉學讓他的閱讀障礙始終沒被鑑定出來，師長們總把他趕不上課業進度的問題，歸咎是初來乍到的適應問題，因此並沒有為他提供有效的補救教學。另外，維京集團總裁李察·布蘭森是英國最大的民營企業家，他在自傳中提到自己到了八歲還無法識字，是個失讀症（dyslexia）患者，加上患有近視，使得他的求學過程十分挫折，是個被學校所放棄的孩子；曾躲在圖書館內寫色情小說的他，後來因一篇較正經的短篇小說得獎，使其英文漸漸進步，而為了賺取外快的他，說服校長讓他辦校刊，離開學校後繼續經營他的雜誌事業，這也是他事業的起點，最後終於建立了屬於他的維京王國。

　　因此，對許多閱讀時易掉字、跳字及加字的閱讀障礙者而言，訓練閱讀時需指讀及朗讀，可以藉觸覺及聽覺來協助視覺做學習會是個基礎的好方法；而在學校中，可在鑑輔會鑑定通過後申請

考試時報讀或延長時間的無障礙考試服務，這些對閱讀障礙兒童在提昇學習動機及成就感上也甚有幫助。另外，針對考試時也建議他們可參考下列的小祕訣：

1.拿到考卷先寫上班級、姓名及座號，先做分數多的、字少的、一看就會的題目。

2.先做選擇題，再做其他較不需閱讀及寫字能力的，例如：連連看、選詞填充等。

3.不會的題目一定要每一個字都唸過：(1)應用題方面，要強調讀一讀、劃一劃、算一算，再檢查；(2)改錯字題方面，正確答案通常是把錯字的部首或偏旁換一換；(3)選擇題方面，可以先刪掉不可能的，再來考慮剩下的答案；(4)真的不會的題目也要找一找考卷上有沒有答案。

4.寫答案時請用力，才能用觸覺校對視覺，才不會算完是 45，抄寫時變 54；若是選擇題，寫答案前請先圈選答案做確認。

5.有疑問的題目先在題號處劃記，做完題目若有時間，請再逐題檢查。

6.克服閱讀障礙的方法即平時要多複習和練習，發展學習策略，訓練記憶力以增加功力。

閱讀障礙兒童最痛苦的閱讀心得寫作，也可依循多數文章之要素，不脫人、事、時、地、物等五個要點做心得寫作訓練，孩子只要練習下列的步驟，即可適用學校多數的閱讀心得報告，教師或家長可採提示逐步褪除的方法訓練。

前期訓練的方式可以是：

1.請大聲的把書（繪本或故事書）的內容或書名讀過一遍。

2. 請在書的封面或封底找出書名、作者名和出版社名稱。

3. 請在答案卷上把書名、作者名和出版社名稱寫下來，記得檢查字有沒有抄錯。

4. (1)找出書中主要的人物是誰？故事的主角是_____。

(2)主角發生了什麼事？他_____。

(3)最後主角怎麼了？最後，他_____。

把問題的答案寫在橫線上，再把整句話依照順序寫在「內容簡介」的地方。

5. (1)看完這本書我想到（人、事、物）？看完本書我想到

_____。

(2)為什麼我會想到？因為，所以我覺得_____。

(3)我希望我能……。我希望_____。

把問題的答案寫在橫線上，再把整句話依照順序寫在「心得」的地方。

中期訓練的方式可以照著上面的步驟，建議孩子讀書報告可以這樣寫：

＊書名：×××

＊作者：×××

＊出版社：×××出版社

＊內容簡介：故事的主角是_____。他_____。

最後，他_____。

＊心得：看完本書我想到_____。因為_____，

所以我覺得_____。我希望_____。

　　熟練之後教師逐步將文字提示去除，改由口頭提示（指導語）。

　　步驟一：大聲唸一唸書名或內容。

　　步驟二：在封面、封底找一找書名、作者和出版社。

　　步驟三：記得檢查字有沒有抄錯。

　　步驟四：寫「內容簡介」：主角是誰？發生什麼事？最後怎麼了？

　　步驟五：寫「心得」：看完這本書我想到？為什麼我會想到？我希望我能……。

　　最後完全不做提示，測試學生能否自我提示步驟，獨立仿造上述格式，完成一篇讀書心得。

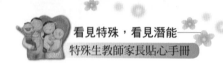
7 筆畫教學的簡易規則

　　「媽媽要講幾遍，你才會把筆畫寫對？」、「又來了，給我擦掉重寫！」美華拿著橡皮擦因憤怒而扭曲的臉，小華因委屈哭泣，大叫：「媽媽討厭，我寫不完了啦！」這個畫面每晚都會在家中重演，劍拔弩張的氣氛，常會讓加班回到家精疲力竭的爸爸捲入家庭風暴中，爸爸通常會丟下一句：「要記筆畫幹嘛？以後用電腦寫就好了！」

　　大部分的學障孩子，常會伴隨在寫字時會有字形顛倒、筆畫容易混淆的情形。現今由於電腦使用的普遍，多數字形顛倒、筆畫混淆的學生，通常都能在學習電腦後，得到相當大的輔助。然而在國小階段，為了建立孩子對中文字的正確字感，以利日後的語文學習，在中文字筆畫教學上，還是有其必要性。但是若要一個字一個字矯正孩子的筆畫概念，恐怕孩子跟大人都會不勝其擾。

　　其實中文字筆畫有其可遵行的原則存在，若在教導孩子時能反覆提示規則，當可收事半功倍之效。其原則大致如下：(1)上下相疊的筆畫，通常由上而下書寫，如：「三」；(2)為左右兩邊時，通常先寫左，再寫右，如：「媽」；(3)橫豎兩筆畫時，通常先寫橫筆畫，再寫直筆畫，如：「下」；(4)中間一直勾筆畫時，先寫直勾筆畫部分，如：「水」；(5)全字筆畫的那一畫，通常最後寫，如：「手」；(6)右對稱兩筆畫時，通常先寫末端在左邊的筆畫，如：「人」。

　　在教導前，孩子要先能明確分辨上下左右的觀念，暫以簡易口訣：「先上後下，先左再右，先中後左再右」，替代以上較複雜的六個原則，反覆提示讓孩子熟記。在指導作業的過程中，運用簡易口訣提示分析每個字，待孩子逐漸產生字感後，再進入講解較複雜的六個原則，孩子在練習中自然熟能生巧。當然先決條件是，身為母親的要能耐住性子來教導孩子筆畫原則，學會看孩子的每一個小進步，並給予適時增強，而非要求一次達到標準的完美主義；而先生也要能體諒妻子的挫折感，給予適時的支持。

　　三個月後，美華一家人快樂地出現在我面前，才知他們當時其實已因孩子的教養問題，數次吵到要鬧離婚了，家人情感的恢復與再次凝聚，這大概是筆畫教學的另類邊際效益了！

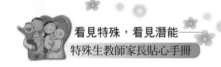

8 扭曲的輸出管道
——談寫字補救教學

前面幾篇所提的拼音、識字及閱讀理解，對我們在補救教學上，多是偏學習的輸入管道，但其後要提的寫字及寫作，則是偏學習的輸出管道。在補救教學順序上，多是輸入優先於輸出，而由於單純寫字障礙在學習障礙中占的比例極低，所以我常覺得這是一種很寂寞的障礙。

書寫有其預備歷程，要擁有寫字的能力，就必須經過預備過程；書寫的行為並非以年齡做為界定，重點在於幼兒經協助達到運動機制成熟，透過與環境的互動產生書寫行為。書寫的發展有二：一為運動協調機制；二為書寫機制。兒童小肌肉運動發展、手眼協調、空間知覺成熟到一定程度，就能透過與環境互動來發展書寫，也就是生理上的預備能力必須夠成熟，才能發展出自然良好的書寫習慣。在讀寫概念的萌發時期，兒童本身會自我探索其周遭環境中的書寫文字，自我建構文字的形式與概念。通常「手寫困難者」為手寫能力顯著低落，但識字能力正常，寫字速度表現有正常水準，但寫字的品質呈現低落的情形；「讀寫都困難者」則是識字及手寫能力均顯著低落，因此整體讀寫能力均明顯低落，而手寫能力問題使寫字成品的結構呈現較大問題。

在一般的學校教學中，學習障礙伴隨寫字問題的學生，常會呈現幾個讓老師困擾的現象，除了可由學校輔導室送請縣市政府

鑑輔會鑑定，以求與特教服務接軌外，建議在教學策略上，可做如下之調整。

一、學生寫字時呈現無筆畫概念的情形

教師可於教字時，歸納中國字的筆畫原則，使學生有所遵循，不易犯錯。大概有下列原則可歸納教導有筆畫問題的學生：

1.字為上下相疊的筆畫時，通常由上而下書寫，例如：「三」。

2.字分為左右兩邊時，通常先寫左，再寫右，例如：「媽」、「源」、「科」等。

3.字有橫豎兩筆畫時，通常先寫橫筆畫，再寫直筆畫，例如：「下」。

4.字有中間一直勾筆畫時，先寫直勾部分，例如：「水」。

5.連串全字筆畫的那一畫，通常最後寫，例如：「手」。

6.字有左右對稱兩筆畫時，通常先寫末端在左邊的筆畫，再寫右邊的筆畫，例如：「人」。

有些孩子的筆畫，因其是用右半腦圖形區來輔助左半腦寫字區，呈現其寫字能力，所以寫字如同畫圖，極難呈現筆畫規則，所以一般不會強求其筆畫順序，而是要求自行正確或可辨認為優先。現今由於電腦使用的普遍，多數筆畫混淆、字易左右顛倒的學生通常都能在學習電腦輸入法後，得到相當大的輔助。

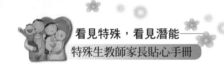

 ## 二、學生因書寫速度緩慢衍生學習問題

（一）作業份量的調整

　　學習障礙伴隨寫字問題的學生，在每分鐘書寫速度上落後於一般學生，因此，一般教師在安排作業上，可以減少作業量，但要求書寫品質的方式來派給作業。在其書寫的同時，應指導其坐姿、握筆姿勢、給予適當的輔具（例如：筆管較粗的鉛筆、握筆器等），協助其養成良好的書寫準備。另外，可以準備具有輔助格線的簿子給學生書寫，即使到了中高年級，如果無法以無格線或較小的格子書寫，也可以提供低年級或有格線的書寫簿子來練習生字，及早學習如何以輔助線來判斷字體的部件大小和配置，並應提早學生對部件的認識，和關於中文字形結構的相關教學。但建議在五年級孩子字形概念發展趨於穩定前，仍應讓其盡可能採用手寫，若過早因其障礙而教導電腦輸入，通常孩子會較易喪失我們所俗稱的「有邊讀邊，無邊看上下」的中文字直覺辨識能力，因電腦輸入與手寫字形較無直接關聯性，但可採電腦手寫板方式輔助。

（二）教導在具有時間壓力的狀況下，維持書寫的品質和作答題數的考試技巧

　　在有書寫時間限制的情形下，學習障礙伴隨寫字問題學生的「字形結構」問題較一般學生嚴重許多；教師可以平時就要求學生注重書寫品質，並讓學生自己設定時間來完成某項書寫活動。

面臨考試時，應先瀏覽考卷內容和需要書寫的題目，會寫的書寫題目優先書寫，降低最後才進行寫字部分所帶來的考試焦慮，以及因時間來不及時才錯字連篇、筆畫潦草交出考卷的問題。而教師可視情形給予延長作答時間，尤其是有作文及造句的測驗時，掌握考試時間的技巧更為重要。在做紙筆測驗時，除了準備齊全的文具外，教師可針對學生問題，改變作答的形式或是給予輔助提示，例如：若有行距掌控不當的問題，應該善用尺、有印刷格子的塑膠墊板等物品，來協助掌控書寫的間距；如果字元之間距離太大或太小、部件大小控制不良，應在下筆書寫之前先稍停一會兒，想一想起筆位置再下筆書寫。若真的無法改善，應可要求延長考試時間、電腦作答、口試或是重謄答案卡的考試服務措施。

（三）運用聽覺校正方式協助視覺與心像上的學習

告訴學生，在寫字時可以大聲複誦，跟隨口語寫字，善用聽覺校正方式協助視覺與心像上的輸出，例如：學生抄寫課文時需要一看再看對照，速度緩慢，教師除可建議父母帶至醫療院所，檢查學生是否有手眼協調性或視力不足的問題，並針對問題給予醫療協助，也可建議學生每抄一句時，先唸一兩次再下筆寫，或是將要抄寫的那一句，先在心中默唸幾次，覺得有短期記憶時，再寫下來。抄寫黑板板書或聯絡簿時，也可要求學生抄寫板書時，可默唸黑板上的句子或字詞，再慢慢一字一句寫下來，不用一直抬頭看一畫寫一畫。但若是抄寫課文時除速度緩慢外，還會有跳行、增加或遺漏字句等現象時，則建議除了默讀外，還需教學生一邊用手指，一邊抄寫，或用尺或遮板將課文以一行行呈現的方

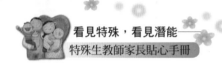
式，寫完一行才露出下一行，以增加視覺上的專注性。也可指導學生在抄寫之前先把整篇文字默唸一遍，熟悉內容，或帶著學生一字一字閱讀並抄寫，避免其在抄寫過程中加入其他字。同時並請學生養成寫完後自我檢查的習慣，或請學生將自己所抄的內容唸唸看是否通順。另外，將黑板上的關鍵字標記起來或著色，或是平常常玩視覺複製遊戲，也有助於提昇其抄寫能力，例如：給學生一張畫有簡單幾何圖形的圖片，請學生看一段時間後遮起來，把印象中的圖形畫下來，不記得則再看一次，一直到全畫完為止，以增進其視覺複製能力。

讓孩子享受寫作過程
——談寫作補救教學

　　寫作教學是教師透過適當的技術指導，使學生將想法、知識付諸文字，構成一篇文章的活動。教學重點在文章產生的過程，而非只是文章產出的結果。寫作學習障礙學生常見的問題如下：

　　1.聽、說、讀、寫等接收與表達能力障礙：指無法看圖說故事、無法理解文章內容或有字彙提取問題，造成個人雖有想法，但無法以寫作表達的障礙。

　　2.文章組織結構不佳：寫作之時分段能力不足，以致於段落間凝聚弱，造成文章結構雜亂等問題。

　　3.文句表達困難：學生在寫作時，易因內容創造性與流暢性等問題呈現文思不足的現象，以致通常僅就發生的事作片段描述，而無深入描寫事件細節與心理感受，造成寫作量少與內容簡短等現象。

　　4.替換詞彙少且精確描述事件能力低：如以「東西」替代「黃澄澄的柳丁」，以「好」替代「心曠神怡」等，呈現少用連接詞、形容詞、副詞、成語或諺語等現象。

　　5.用字遣詞錯誤：寫作之時易出現錯別字、注音符號或網路用語等，如「劣（列）祖列宗」、「檢查全班遺（儀）容」、「啥」、「ㄚ霸高興ㄅ樣子」、「鄉民」等。

　　6.易有語法問題：語法指句子中字詞的出現順序有誤，語法障

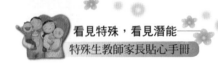

礙可能出現的狀況為「我會坐船哭」、「爸爸車車出去」等。

7.文意一致性低，離題或文不對題：如題目為「猜」，學生整篇文章寫出家人如何沉迷樂透彩、樂透彩對家人社會的影響等，卻未針對題目「猜」作闡釋。

傳統的寫作偏重成果導向，以教師為中心，學生被期望成拼字正確，用字、文法、組織、主題句等依固定規則完成，且教師重視寫作成品，常澈底修改整篇文章，較易造成學生於寫作過程中樂趣降低與動機不足的現象。現今則倡導過程導向的寫作教學，強調思考過程，包括寫作前的教室情境布置、腦力激盪、組織計畫等與寫作時的擬草稿、校對、寫作等策略，以及教師和同學的分享與回饋，通常以學生能自然呈現其寫作思路為主，最後才作文字及文法等修正。

而最近在新聞論點上引起話題的修辭教學，也是引導學生寫作的一部分，因修辭本來就是為了能在寫作時，傳情達意美化語言的一種方法，所以若以重視寫作的過程來說，反而會以照樣造句及整理規則的方法去教，而非以呈現語句或詞來詢問學生這是何種修辭學用法為主。若這種型態的考題占考卷的大部分，應是為了適應以後的基測題型，考語句或詞修辭法為何種用法，在選擇題上是屬於較好出題的形式，但卻也較容易讓學生畏懼寫作修辭，及無法真正學得修辭的應用。所以我們在課堂上的教法，可以如下：

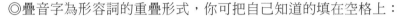

◎疊音字為形容詞的重疊形式，你可把自己知道的填在空格上：

1. AA 的：白白的、高高的、靜靜的、飽飽的、髒髒的、涼涼的、

　　　　　＿＿＿＿＿、＿＿＿＿＿

2. ABB：髒兮兮、白花花、烏溜溜、胖嘟嘟、圓滾滾、黃澄澄、

　　　　　＿＿＿＿＿、＿＿＿＿＿

3. AABB：方方正正、明明白白、清清楚楚、恍恍惚惚、＿＿＿＿＿、

　　　　　＿＿＿＿＿

　　也可以將寫作學習障礙學生容易觀念模糊的標點符號，融入譬喻修辭法進行教學，採用標點符號與譬喻的教法：

- 「刪節號」像毛蟲，刪除文字，點六點。

- 「書名號」像小蟲，書名旁，爬一爬。

- 「驚嘆號」像球棒，加強語氣，揮一揮。

　　茲將現今國內常見的寫作教學法，分述如下：

　　1.填充法：適合低年級學生，用以訓練兒童運用詞彙的能力，經常出現在小學生習作的填填看、填詞、看圖填字等練習，例如：

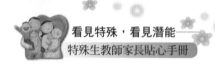

「兔子找來一群（　　　）觀戰，大家都認為烏龜太（　　　）了。」學生進行該練習時，可自行運用已知詞彙，亦可由教師提供可使用的詞彙。

2.問題法：亦可稱為助作法，適合低年級學生使用，在作文課時老師給學生一串問題，學生把答案一一寫出，再連綴起來就可以成為一篇文章，例如：(1)我最喜歡的人是_____；(2)因為a._____，b._____，c._____；(3)所以我最喜歡的人是_____。

3.看圖作文法：學生一面看圖，一面寫作，運用圖畫所提供的線索，啟發學生寫出較完整的內容。學生在看圖作文中，首要工作便是把圖看仔細，從背景的天氣、草木或房屋，寫到人物的表情、動作，並加上形容詞或副詞以豐富文章的描述性。

4.對話作文法：以對話的方式來完成一篇短文，例如：

媽媽說：「來說說母親節怎麼過？」

弟弟說：「那天我會乖乖的，讓媽媽好好過節。」

我說：「母親節那天我會幫媽媽洗碗。」

該種作文法除注重因角色不同，所需表現的口氣與思想內容也應不同，亦可表達出作者對周遭人、事、物的細膩觀察與描述能力。

5.仿作法：即閱讀一篇課文或文章後，模仿其寫作形式、文章體裁和結構、段落安排等再寫一篇文章。仿作法因有具體的架構可循，通常可減少學生面對寫作的恐懼，並提昇其成就感。

6.感官練習法：給兒童一個情境，寫出他所「看到的」、「聽到的」、「觸到的」、「聞到的」、「想到的」、「感受到的」，

例如：題目為「鄉村生活」，可寫成：「我看到一片綠油油的稻田，我聽到一陣陣鳥的叫聲，我摸到冰冰涼涼的溪水，我想到奶奶家的雞蛋昨夜剛剛孵出小雞，我感受到的鄉村生活是那麼的悠閒與自在。」

7.組字、組句法：此法較適合高年級學生或寫作能力較佳的低年級學生使用。可給學生一組字或詞，要學生運用這些寫成一篇短文，內容可依想像力自由發揮，例如：以「森林、草原、溪水、陽光、花鹿」寫一篇描述風景的文章。

8.整理歸納法：為較適合論說文和說明文的寫作方法。可讓學生閱讀相關資料後，再做歸納整理的工作，嘗試找出主要論點、整理論據，再證明論點，例如：題目為「勤勞和懶惰」（配合閱讀教材：螞蟻和蚱蜢的故事），整理的論點如下：

論點 1：勤勞是成功的條件。

論　據：勤勞的行為有……

　　　　勤勞可能會產生的結果是……

論點 2：懶惰是失敗的開始。

論　據：懶惰的行為有……

　　　　懶惰可能會產生的結果是……

9.圖解作文法：該法強調師生共同討論，及依個人生活經驗決定作文內容，其最大特色在於中心思想和段落結構的多樣性和彈性化，並著重學生組織能力的培養，將抽象的文章組織具象化，使學生更能掌握寫作歷程，發展寫作思考策略。

10.創造性作文：指教師透過創造性思考的教學活動，引導學生寫作，包括腦力激盪、角色扮演、想像等，例如：以「稀奇真

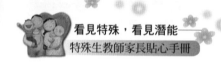

稀奇，鼻子當馬騎」引導學生學習擬人法，寫出「眼鏡的自述」
或「好香好香的兩個燒餅、一根油條」，寫數字 「100」的聯想
等，或是文章開頭須為「很久很久以前有一個農夫」，結尾須為
「農夫是一個外星人」。

10 讓學生厭惡數學的七種方法

　　美華現在是個家庭主婦，已遠離數學課堂多年。在她學習數學的日子裡，印象中不曾有過數學及格的記憶，她只是在課堂上假裝專心聽講，看著老師在黑板上畫出自己不懂的公式與符號，扮演課堂中稱職的「客人」！美華直到現在還常會做相同的惡夢，夢中的她會回到求學時代的數學課堂上，淒厲的上課鐘聲響起，她會接到一張空白的數學考卷，聽著別人握筆沙沙作響的作答聲，她拚命想舉手告訴老師：她拿到了一張沒有字的空白卷，可是老師好像聽也聽不到……，然後美華便會驚悸的醒來，這個夢在她最近上小學的女兒開始拿回數學不及格的試卷後，做得更頻繁了！

　　數學其實是非常生活化，也非常有用的知識，在日常生活中幾乎是無所不在，購物、報稅、娛樂遊戲等要用到數學，更遑論建築、測量及種種高科技皆要用到數學。然而，現今許多學生聽到數學就頭疼，甚至它是許多人在求學過程中揮之不去的惡夢！為什麼這麼生活化，這麼有用的知識會弄到學生如此不願學，甚至在不必上數學課後會歡欣鼓舞呢？記得以前有首很老的英文歌曲叫作「離開愛人的五十種方法」（50 ways to leave your lovers），不注意課堂教學方法的老師，是否也在無意中，讓我們的孩子離享受數學學習樂趣愈來愈遠呢？

　　如果我們仔細觀察學習意願低落的數學課，其實可以歸納出

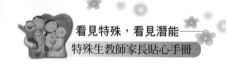

造成學生厭惡數學的七種方法：

　　1.忽視個別差異，經年累月給予所有學生一樣的課業要求及作業。

　　2.只強調數學方法，未強調教學方法的教學方式，數學課上多是一題解過一題，一頁做過一頁。

　　3.數學作業多為紙筆式，未能採用多元化的作業方式。

　　4.堅持學生必須採用某種方法解題，而忽略了其實數學可以有多種解法。

　　5.在學生犯錯時，給予額外的數學作業以示懲罰。

　　6.採用訓練方式來教數學，學生往往面對同一類型的題目時，須做非常多機械式的練習。

　　7.在缺乏適時回饋的情形下，要求學生將所有做錯的題目訂正直到正確為止。

　　各位親愛的老師，您是否曾採用其中一種或同時數種並用，而讓我們的學生離開了數學這位愛人呢？

11 數學學習障礙

　　丁丁總是包辦班上數學成績的最後一名，而且還常說出一些讓數學老師覺得不可思議的話，例如：對於「三角形 ABC 為等腰三角形，請證明之」的題目，他的反應是：「題目不是已經告訴我們三角形 ABC 是等腰三角形了嗎？為什麼還要證明呢？」老師要他寫完試題後要仔細檢查，對寫完名字後，沒有一題會做的他而言，不知要從何檢查起，所以諸如「會做的先做，不會做的等一下做」這種日常老師常用的提示，對一題都不會做的丁丁而言，其實聽起來是滿刺耳的！

　　在特教界常用的美國精神疾病診斷手冊第四版（DSM-IV）的診斷標準中，指出數學學習障礙兒童，可能因有下列缺陷而導致其數學學習困難：(1)語文能力缺陷使其在瞭解或表達數學常用詞彙、關鍵字及概念方面有困難；(2)知覺能力缺陷使其在辨識或閱讀數字與數學符號、分類能力有困難；(3)注意力缺陷使其在正確抄寫數字或數學符號與檢視運算細節時有困難；(4)數學能力缺陷使其在依循計算步驟或推理方面有困難。所以數學學習障礙兒童在學習數學時，常因知與行的無法配合，會產生下列特徵行為：(1)無法決定什麼問題需要解決；(2)無法過濾不相關的字句，以掌握題目重點；(3)無法整合題目中的各項訊息並決定解決方式；(4)無法監控自己的解題歷程；(5)無法覺察外在回饋並產生自我校正行為。

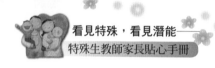

　　國內外的研究皆顯示，大約平均有 6% 的國中小學生，有著如同丁丁般嚴重的數學學習障礙，同時因為數學是一極具系統性的科學，若在低年級時未能補救其學習障礙，到了中高年級時補救教學便愈形困難，學生的挫折感亦會逐年升高。國內目前大多數的資源班仍是以語文補救教學為主，數學學習障礙的兒童並未受到應有的重視。

　　數學號稱科學之母，美國為維持其科技大國的地位，早已體認到這個問題的嚴重性，其在 1991 年提出的「2000 年教育計畫」中，將數學學習障礙兒童列為教學的重點；美國勞工部也在同年的相關報告中指出，教育數學學習障礙兒童是其培養人力的重要方針之一。這對於企圖建立科技島的我國，是否有一定的警示作用呢？

12 數學問題解決法

　　小梧的老師在考試時，發現小梧的數學考卷有許多錯誤，因此好意提醒：「再檢查一次，不要寫錯喔！」老師巡場再走到小梧前面時，發現他檢查過了但是錯誤依然在，於是再提醒一次，數次之後，小梧很不耐煩的回答：「老師，我不會寫錯的答案啦！我就是認為它對才寫嘛！」小梧說得理直氣壯，有誰會故意把錯的答案放在自己考卷的答案欄裡呢？

　　但問題是，學障學生因學科與後設認知能力的問題，常在檢查試卷時缺乏自我反省的能力，而在每次檢查，錯誤卻依然在的情形下，成績自然難有起色。慢慢的，學生也就對自我檢視能力喪失信心，甚至拒絕寫考卷或作業，導致學習動機低落。

　　在數學補救教學中，除了前述幾篇提到，應在資源班中應用比學生起點能力程度略高的數學教材，並多偏向問題解決活動及應用題，以形成挑戰性，進而使用激發學生的認知潛能之認知結構激發法，來做日常補救教學外，為了能讓學生快速提昇成績以提昇其學習動機，我們也會常配合使用「數學問題解決法」，即教導其解決數學問題的遵循步驟。在這其中較常用的有下列兩種。

一、教導數學常用詞彙

　　資源班的學生常因無法理解數學常用詞彙，或其與數學抽象符號的關連性，以致於在解題上形成困難。教師可將數學常用詞

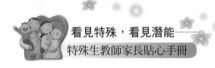

彙作一統整性整理並據以教導學生，例如：「＋」、「加」、「總共」、「總和」、「給」、「一起」，和「和」代表的為相似意義，請把問題中的關鍵數字找出做加法。

二、應用題的解題步驟

該法適合於中高年級以上的學生，在解應用題有困擾時，可遵循下列步驟去試著解題：(1)仔細再讀一次題目；(2)劃出答案所要求的關鍵字，例如：答案想問的是「車子每小時可跑多少公里」；(3)尋找題目中的其他關鍵字，並去除不必要的資訊；(4)標示出任何關鍵數字；(5)採用圖解方法來輔助思考；(6)決定解題或計算步驟；(7)執行解題或計算步驟；(8)檢查答案的正確性；(9)以題目要求的方式寫下答案。若學生在記憶前述常用詞彙或解題步驟時有困難，可將其製成提示卡，讓學生在考試時使用，同時並可採劃記方式記錄錯誤型態，瞭解自己常出錯的步驟，以做後續補救教學的參考。

13 離開數學　生活變彩色
——談數學補救教學

　　大約有 6% 的國中小學生，有著嚴重的數學學習障礙。儘管數學障礙的症狀可能早在幼稚園或國小一年級就已出現（例如：數字觀念的混淆及不能正確數數），數學缺陷卻很少在國小一年級期末前，被診斷出來，因為多數學校教育通常在這個時間點之前，很少有完整的數學教學，一般要到國小二或三年級，其症狀才會比較明顯。特別是當數學障礙者伴隨著高智商出現時，兒童在低年級時可能可以表現在水準之內或接近水準，直到國小五年級或以後，數學障礙才會顯現出來，且其學習困難情形會隨著年級的遞增而遞增。

　　一般的數學障礙補救教學，多數是不斷教學生數學，而事實上美國精神醫學會所頒布之 DSM-IV 診斷系統中明白指出，數學學習障礙兒童可大致分為四類，即語文、知覺、注意力及數學能力缺陷，而導致其在數學學習方面有困難。若能清楚明白其問題所在，針對其問題類型作教學，當能收事半功倍之效。茲分述如下。

　　1.語文能力缺陷使其在瞭解或表達數學常用詞彙、關鍵字及概念方面有困難，所以可能須替孩子做數學相關常用詞彙、關鍵字及概念方面的整理。舉例如下：

　　　‧加法相關字：多、長、重、久、共等。
　　　‧減法相關字：少、短、輕、快、差等。

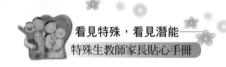
‧乘法相關字：倍數、幾倍、面積等。

‧除法相關字：分給、剩、相當於等。

2.知覺能力缺陷使其在辨識或閱讀數字與數學符號、分類能力有困難，所以我們可以用結合生活背景的口訣來教學生，例如：孩子總是弄不懂何以「正正得正」、「正負得負」、「負正得負」、「負負得正」的概念。舉例如下：

‧如果「好人」或「好事」用＋表示，當然「壞人」、「壞事」就要用－表示囉！

‧因此：

好人有好報，是好事。⇒＋＋（正正）得＋（正）

好人有壞報，是壞事。⇒＋－（正負）得－（負）

壞人有好報，是壞事。⇒－＋（負正）得－（負）

壞人有壞報，是好事。⇒－－（負負）得＋（正）

3.注意力缺陷使孩子在正確抄寫數字或數學符號與檢視運算細節時有困難，針對這種孩子，可能除了特別教他數學檢查步驟外，還需要做錯誤型態分析；因為這類孩子常會在聽課過程中，因注意力時而集中、時而不集中的關係，而將數學概念誤解或混用，而我們若分析不出他的錯誤型態，則最好請他自己講解其思路歷程給我們聽，我們才能針對其誤解概念作教學。所以在孩子連續數次算出 3 ＋ 3 ＝ 8 時，我們不要再直接打×，而應該詢問他是如何算出 3 ＋ 3 ＝ 8 的，得到的回答可能會是兩個 3 合起來等於 8；因為，他是用「圖形」的概念在理解 3 加 3 等於多少，我們也才能明白，何以他的 1 減 1 是等於 H（1 － 1 ＝ H）。

又如以下四個題目，孩子的第 1、2、4 題答案是對的，第 3 題

的答案是錯的，似乎是遇到 0 時會有問題，但若是 0 以 10 的方式呈現時，又不會有問題，所以在請孩子解釋後，才能明白他誤解 0 就是什麼都沒有，所以第三題 6 減 9 雖不夠，但向隔壁借位時因是 0，屬於什麼都沒有，所以他只好越過 0，向 4 借 1，湊成 16 減 9 等於 7，然後 0 就是什麼都沒有，所以等於 0，而最後因 4 被借 1 只剩 3，所以 3 減 2 等於 1。而第四題能算對，則因他很明確知道 510 數字的 10，是 1、2、3……10 的 10，所以這個孩子在分析完錯誤型態後，可能需重新再界定：(1)0 的概念；(2)減法借位時，只能向旁邊一位借，不能向旁邊的旁邊借；(3)位值的概念。

【第 1 題】	【第 2 題】	【第 3 題】	【第 4 題】
278	352	406	510
−135	−146	−219	−238
143	206	107	272

4.數學能力缺陷使其在依循計算步驟或推理方面有困難：通常在數學學習時會呈現焦慮感，最好能以圖解及操作的方式進行教學，舉例如下：

(1)下表為 $23 \times 46 = ?$ 以圖形方式呈現的題目，因若對乘法學習有問題的孩子僅用連加法來教，當 23 要被連加 46 次時，其實對在考試過程中的孩子是一種不可能完成的任務。所以可以用圖表的方式來教，若 2×4 得 8，則先將 8 填入，十位數處放 0，依序完成後，以斜線所畫為加總單位，所以個位數為 8，十位數為 $2 + 1 + 2 = 5$，百及千位數為 $1 + 8 + 1 = 10$。

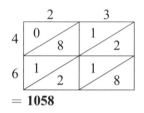

$$= 1058$$

(2)二次函數求極值搭配土卡尖

一個二次函數 $y = ax^2 + bx + c$ 的圖形是一個拋物線，其中我們稱他為領導係數，因為它是最前面的係數。而當題目給你一個二次函數而要你求極值的時候，如果我們把「土、卡、尖」這三個常見字搬出來分成上下兩部分來看，

領導係數　　　　　開口方向　　　　　極值

我們把上半部灰色的搭在一起，就可以得到當一個函數領導係數是正的時候（上面的十視為數學符號的正號），圖形的開口方向是向上的，此時函數會有最小值，例如：$y = x^2 + 2x + 3$ 的示意圖如下。

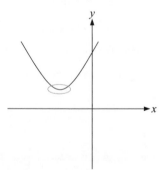

因為領導係數是正的，所以圖形開口方向是向上的，而淺色的地方就會有最小值（因為題目求的是最小值，也就是看哪一點最低）。反之，當領導係數是負的時候，圖形開口會向下，函數也會有最大值。惟這種圖表搭配記憶技巧方式應做為學習的輔助工具，學習數學最後仍須回歸到基本理解面。

前面談了這許多，然而我們要如何分辨孩子的問題是屬於哪一種類型呢？除了將孩子經由學校輔導室送縣市政府鑑輔會做鑑定，以綜合研判其障別及亞型外，其實在日常的教學中，我們可以在日常應用孩子作應用題時的錯誤來做分析。通常孩子應用題解錯，老師或家長們可能都會急著用以下的第七個步驟，亦即示範整個解題步驟來教他，但其實我們可以先示範以下的前六個步驟，也許可以較容易讓我們知道孩子的問題所在，再適度搭配前面所建議的教學法，這樣會使孩子在學習上較有成就感，說明如下：

1.簡單消極的回饋：給予兒童自我校正的機會（提示：請仔細再看一次題目）。

- 仔細再看一次題目後立即能指出錯誤，可能屬於衝動思考，故而需做前述注意力部分的補救教學。
- 仔細再看一次題目後，仍然茫無所覺者，可能是在語文識字部分有問題而導致影響數學學習，可以接著再問以下第二個步驟。

2.問題轉譯的提示：提醒兒童注意能促進解題的已知訊息和所要回答的問題為何（提示：題目告訴我們什麼？）。

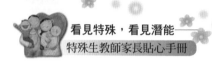
・提醒完仍不會者，可能會較偏語文型、知覺或是數學能力
缺陷導致不能學的孩子。

3.工作記憶的提示：加強題目中的關鍵詞，以減輕其工作記憶
的負擔（提示：題目在問什麼？）。

・不知題目在問什麼者，有可能須開始做數學教學，但請注
意以下4.至6.三個步驟，遵循具體→半具體→抽象呈現原
則，並以圖解及操作方式，採最少協助原則，亦即每一步
驟結束，都需記得問孩子：「你知道下一步可以怎麼做
嗎？」如果孩子說：「會！」我們就將練習機會讓給他。

4.提示解題的重要關鍵：引導兒童注意可以幫助解題的關鍵敘
述（提示：只有買一包乖乖比較多錢，還是買一包乖乖和巧克力
要比較多錢？）。

5.提供策略知識：配合圖示（提示：你可以用畫圈圈的方法算
算看！）。

6.協助執行策略知識：引導正確地利用解題策略（提示：一個
圓圈一塊錢，乖乖一包五塊錢，要畫幾個圓圈圈？……）。

7.示範整個解題步驟：教導兒童一步步的解題。

14

全有或全無給分法

　　小盛垂頭喪氣的走進來，丟了一大疊數學試卷在我前面，幾乎是咆哮的對我說：「你要我用心寫，寫了一大堆還不是一樣，不是20，就是0分，努力有什麼用？還不如早點交卷出去哈拉！」

　　小盛憤怒的外表下，包裹著一顆挫折受傷的靈魂。我默默地將考卷檢視一遍，在現行的教育制度下，所謂公平的全有或全無給分法，其實對需要給予動態評量給分方法以協助其建立學習自信心，並分析答題錯誤型態的學障孩子而言，是相當不利的。因為在全有或是全無給分法的情形下，很容易將孩子在解題歷程的微小進步忽略掉，更不容易在動態多層次的給分方法下，歸納孩子在解題歷程的錯誤型態。

　　為了鼓勵小盛能維持作答動機，並分析其解題歷程的錯誤型態，我決定與小盛的老師溝通，並為小盛設計以下的四層次給分法：0分為沒有作答能力或動機，因此未作答；1分為盲目運算，其在選擇數字與運算符號產生錯誤；2分為執行計畫失誤（例如：加法做成減法等），其列式、計算均正確；3分為未作檢驗工作，其列式、計算均正確；4分為具解題能力，其列式、計算均正確。依此四層次，再按題目總分給予配分。同時也鼓勵老師可在教小盛的解題過程中，給予事先設計好的標準化提示，再按給予提示的多寡酌減其分，以確實掌握小盛的起點能力與解題障礙點。

　　小盛的成績明顯進步了，也較能掌握自己在每一單元概念不

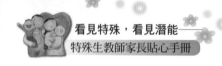
清的地方，但他顯然對標準化提示也著了迷。最後一次見面時，他要我猜個腦筋急轉彎的謎語：「開車時遇到一隻狗擋在車子前，猜飲料名稱一種！」當我百思不得其解時，他依序給了三個提示：「是日常常見飲料！」、「要用台語想喔！」、「美國人很愛喝的！」我依然無頭緒，小盛說：「三次提示還是不知道，我可要揭曉答案了！可是老師你只能得 0 分了！答案是『ㄍㄚ　ㄅㄧ』（咖啡以台語發音）！」狗擋在你車前，當然是要按喇叭「ㄍㄚ　ㄅㄧ」了！見小盛得意的笑臉，我真是輸給他了！

第四篇

社會篇

E-learning 世代下的學習障礙學生
——他們的網路使用現況與 電子化學習需求

　　近年來政府積極推動各級學校資訊教育，然現今各類的教育網站多以提供教材內容、課程討論、遠距教學和學術交流為主，鮮少有人為網路學習、線上教學資源與教材、軟體、網路活動等資源做整合，更鮮少有人專為特殊需求的學生，規劃一個安全且有效的網路學習空間。

　　而事實上，根據資策會 2004 年提出的「我國家庭資訊通信技術應用概況調查」指出，我國零至十四歲的網路使用者，約占我國網路使用人口的 16%，其中以十至十四歲最多，占我國上網人口的 12.7%，五至九歲則占了 2.7%。網路使用情形方面，我國五至九歲的使用者平均每月上網 18.3 天，平均每週上網 6.9 小時；十至十四歲的使用者平均每月上網 17.8 天，平均每週上網 10.1 小時。在兒童網路使用者從事的網路活動方面，五至九歲的使用者最常從事網路遊戲（64%）、瀏覽資訊（59%）、線上學習（32%）等；而十至十四歲則是瀏覽資訊（62%）、線上遊戲（55%）、電子郵件（51%）等。截至 2012 年 6 月底止，我國有寬頻網路用戶數已達 534 萬。

　　網路的應用對特殊教育可能帶來的正面功能包括：

　　1.個別化的學習方式：提供學習者特殊化及異質性的學習課

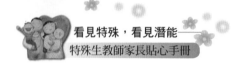
程，以滿足學生的個別需求。

2.提供具體的認知活動：將知識與知識透過連結，呈現具結構化的資訊，以利學生的認知學習。

3.多媒體的呈現方式有助於記憶：透過文字、聲音、圖形、動畫、視訊等各種管道來傳遞訊息，有助於學習者對訊息的編碼記憶與日後記憶的提取。

4.合作的學習模式：學習者透過電腦網路做同步或非同步的溝通討論，經由群體協商，有助於學習者的知識建構。

5.動態的學習管理與診斷：記錄學習者的操作過程，有助於分析學習者的認知模式、學習型態，做為改進教學的依據。

而網路資訊科技融入特殊教育，除了有上述之優點外，可能出現的缺點如下：

1.迷失於網路空間：使用者若無足夠的網路素養，或常因過度沉迷於自己感興趣的網路活動中，進而影響生活作息、健康、課業等方面，容易造成網路成癮（internet addiction）的問題。

2.不易選擇與操控：通常學習能力較低的學習者，需要更多教學者的介入，因為他們沒有辦法對沒有概念的資訊做有效的探索。網路呈現的內容其真實性有待考究，所以使用者需具備相當之批判思考能力，方能取得適切且合理化的資訊。

3.認知負荷過重：網路上的知識若組織結構鬆散、任意串連過度，則使用者則可能只做片斷知識的瀏覽，在面對知識整合時，易造成認知負擔。

4.網路危機不易避免：網路上隱含的文化侵略危機與不當資訊，易戕害使用者的身心，例如：網路上駭客設置的不當程式、

病毒或竊取個人機密資料等安全性問題，更是使用者不易避免的危機。

　　5.設備不足：資策會於 2004 年提出，台灣地區 81.4%的家庭有網路，74%的家庭有連網，網際網路連網應用普及率為 39%，仍存在著數位落差情形，即使在網路上有機會均等的優點，對處於數位不利的使用者，仍須改進電腦網路之設備，方能實行網路教育。

　　近幾年國內開始推動學習障礙鑑定，在鑑定流程日益明確與本土化鑑定工具逐漸建立的情況下，原屬隱性障礙不易被篩選出來的學習障礙學生已逐步浮現，其學習需求也日益受到重視。一般而言，學障學生的抽象思考能力不佳，需要具體實務的學習、生活化的經驗，並由實際操作中增進學習，運用網路資源來教學正可提供此具體化、生活化、趣味化及實用化的學習經驗。根據 Merrill 與 Hammons 於 1996 年的研究顯示，使用互動式的多媒體做為教育訓練的工具，可以降低訓練成本 64%，且減少原來學習時間的 36%。Montague 於 1987 年以及 Majsterek 與 Wilson 於 1989 年的研究亦顯示，電腦輔助教學的確能夠提昇學習障礙兒童的學習能力。

　　國內在特殊學生電子化學習需求之相關研究方面，對於學障學生之網路使用，以及電子化學習需求之相關研究相對稀少；而依學障學生所表現的學習行為特徵，電子化學習、多媒體教材等資訊融入教學，可提供多元感官刺激，對學障學生在學習上之助益應是我們亟需關注的。當學障學生面對具有廣泛的、多變的、即時的、匿名等的特性之網路時，對其生活或學習會造成何種影

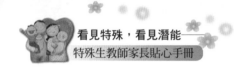
響？同時為因應現今資訊融入教學及電子化學習之趨勢，能自小瞭解學障學生網路的使用情形、動機、素養、成癮傾向，以及電子化學習需求，將有利於資源班教師利用網路資訊，進行符合學障學生的適性化教學。

　　新竹教育大學「有愛無礙」研究小組做了一個小研究，主要目的為瞭解國小資源班學障學生之網路使用情形及電子化學習需求。研究採問卷調查法，使用自編之「國小學生網路使用與電子化學習需求問卷」，問卷內容之網路使用情形共十七題、電子化學習需求共四題、網路素養共十五題、網路成癮共八題、電子化學習特性共八題、網路使用動機共二十一題。並參考教育部 2004年《特殊教育統計年報》公布之北、中、南各區國小學障人數分布情形，抽取國小資源班四、五、六年級學障學生為研究對象，再以郵寄問卷方式進行調查，共寄出 214 份問卷，回收 165 份中有效問卷為 150 份，回收率為 70%。主要研究結果如下。

一、網路使用方面

　　1.學障學生在國小三、四年級已普遍有網路使用經驗，而幼稚園（含幼稚園以前）開始接觸網路的學障學生達一成，顯示網路使用者年齡層已向下延伸至學齡前之幼童。而多數的學障學生父母會限制其網路使用時間，使學障學生使用網路的時間不會過長，但除使用網路的時間外，家長更應主動關心學障學生網路使用活動的內容，避免學障學生受不當網路資訊所影響或過度沉迷於網路遊戲中。

　　2.雖超過七成的學障學生認為自己的網路能力在普通以上，但

學障學生的網路使用困擾主要為「打字太慢」，目前在國內「有愛無礙」網站（http://www.dale.nhcue.edu.tw）已發展出一套，適合協助拼音、識字或寫字障礙的學障學生使用的中文輸入法或特殊鍵盤，未來應可協助學障學生充分使用網路進行閱讀、尋找資料等學習活動。

　　3.雖有 62.4%的學障學生未看過色情網站，但仍有約 38%的學障學生因好奇或別人影響而看過色情網站，且多數的學障學生偏愛利用網路做為休閒娛樂管道，或從事網路遊戲。面對認知判斷力相對較薄弱的學障學生而言，將過於血腥暴力或色情煽情的網頁內容實施分級化及限制瀏覽，更有其急迫性，且對氾濫猖獗的色情廣告與垃圾郵件，應研擬一套過濾防範機制，杜絕對學生有不良影響之資訊，提昇網路使用品質。

　　4.學障學生網路使用動機愈高，其網路成癮傾向愈高；而網路使用動機中逃避煩惱動機愈高，則網路成癮傾向愈高；且學障學生利用網路來逃避現實生活煩惱動機愈高，其利用網路獲得自我肯定的動機也愈高。故應鼓勵學障學生從事多樣化的休閒娛樂活動，在活動進行中增加其獲得成就感的機會，使其能從中獲得自我肯定，亦提供適當的輔導機制，協助學障學生解決煩惱與困難，且尋找適當的壓力抒發管道，轉移學障學生利用網路抒發壓力煩惱及獲得自我肯定的動機，減低造成網路成癮的危機。

　　5.多數學障學生所認定的網友定義為：「原本認識的人在網路上一起活動」，與一般認定的網友定義，例如：「泛指一切在網路上所認識的朋友，雙方不在乎年齡、身分地位上的差異，彼此關心的焦點是興趣的結合、情感上的支持，或資訊的互換與學習

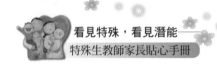
等」，或是「透過網路認識，在聊天、通信、發表文章等互動中曾與對方分享想法、談及心事的朋友，或原先以工作、遊戲為目的，而後發展成可談天、溝通想法的朋友亦可，而非純以工作、玩連線遊戲為目的」有所差異，建議在輔導學障學生網路使用與網友交往相關事項時，可參考其觀點，避免在輔導過程中產生認知落差。

二、電子化學習需求方面

1.研究發現，學校老師僅國語科利用網路資訊融入教學，較為符合學障學生希望利用網路學習之需求；且網路多媒體的聲光刺激可增進學障學生的視覺或聽覺辨識力，故應提昇學校教師資訊融入教學及製作多媒體教材之能力，同時應用資訊融入教學能力作全方位的課程設計，以因應高異質性的班級學習需求。

2.多數的學障學生希望老師利用網路，當作課堂練習或用好玩的遊戲來學習，而學障學生在無障礙考試的需求上，也需教師多些資訊融入教學之協助，例如：寫字障礙學生之電腦作答需求、識字／閱讀障礙需人工或是電腦語音報讀服務。

3.研究中還有一個有趣的發現，學障學生中的女生較男生認為，網路多媒體可幫助閱讀，而男生較女生認為，網路多媒體可幫助數學學習。未來研究可探討學障學生是否因性別興趣差異或大腦認知結構差異，而在電子化學習特性中的閱讀及數學學習上有性別之差異。

以下列出一些相關資訊，可供父母及教師參考。

網路素養一般可區分為下列四個向度：

1.網路使用知識：具備一般網路的知識、瞭解網路的發展與功能。

2.網路使用技能：在覺知資訊需求後，利用網路技能去檢索相關知識，進而評估與重組資訊。

3.網路使用態度：具有網路使用倫理、網路安全、網路法律。

4.網路溝通能力：具有使用網路進行人際溝通互動的能力。

Young 在 1996 及 1998 年，在其相關研究中依據 DSM-IV「病態性賭博行為」的四個徵候（強迫使用、退癮症狀、耐受性、後續困擾）成為網路成癮的徵候，並依此發展出八項診斷標準，若填答五項以上，即符合網路成癮症狀。故以五題勾「總是如此」（5×5 = 25）及三題勾「普通」（3×3 = 9）為判別網路成癮傾向之標準，其切截分數為 34 分（25＋9 = 34），因此在網路成癮量表得分在 34 分以上（含 34 分）之受試者，可能具有網路成癮傾向。以下為網路成癮標準：

1.我會全神貫注於網際網路或線上服務活動，並且在下線後仍繼續想著上網時的情形。

2.我覺得需要花更多的時間在網路上，才能得到滿足。

3.我曾努力過多次想控制或停止使用網路，但並沒有成功。

4.當我企圖減少或是停止使用網路，我會覺得沮喪、心情低落或是脾氣暴躁。

5.我花費在網路上的時間比我原先計畫的還要長。

6.我會為了上網，而甘願冒著失去或損失重要的人際關係、工作或學業的危險。

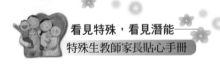
7.我曾向家人、朋友或他人說謊，以隱瞞我涉入網路的狀態。

8.我上網是為了逃避問題或釋放一些負面的感覺，如無助、罪惡感、焦慮或沮喪。

2 身心障礙兒童性別平等教育之涵義與可行實施原則

　　所謂：「先做人，再做男人女人」，自盤古開天或創世紀以來，這個世界就存在著兩性——「男和女」，而每一個男或女，也都是一個獨立自由的個體，與生皆擁有平等的基本人權。它超越任何法律、意識型態及國家，是不分種族與社會，更不容以任何手段或形式加以限制和歧視的。綜觀世界各國民情，由於存在著男女生理先天性的差異，絕大多數的國家和社會，普遍存有著「男尊女卑」的事實和現象，我們國家更背負著千年傳統「重男輕女」的固著觀念。所以從多元文化教育機會均等的理念來看，性別平等教育是希望透過「教育」，使每個學生在學校中，皆能在公平的立足點上發揮潛能，得到均等的受教機會，期能由教育上的性別平等，促進個體在社會上的機會均等，以達成落實性別平等教育的真諦。

　　現今「國民中小學九年一貫課程綱要」的「性別平等教育」一項之「基本理念」中，提到「性別平等教育」議題的核心能力應包含「性別的自我瞭解」、「性別的人我關係」、「性別的自我突破」；身心障礙學生因認知與智力的因素，於前述核心能力中「性別的人我關係」下的分段能力指標的「尊重自己與別人的身體自主權」與「保護自己的身體，避免受到性侵害」部分，尤其是需特別注意的。故而教師在將性別平等教育融入一般課程時，

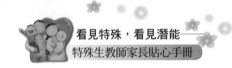
除了需特別加強前述兩個重點之外，也需因應身心障礙兒童的認知與智力因素做適性教學設計，採學習步驟與工作分析方式以增進其瞭解，藉由反覆練習與提醒，以增進其熟練度與類化能力。教師在實施性別平等教育時，特教班與普通班教師需態度一致，於日常生活中尤須注意下列要點：

1.避免性別角色刻板化的工作分派，提供所有兒童參與各學習活動的機會。

2.教師以身示範，教學行為必須具有性別平等的楷模。

3.在班級教學的討論中，將種族與性別的迷思概念提出來作省思活動。

4.在班級經營方面，避免有性別隔離現象。

5.提供學生對各種不同職業的角色進行試探，而勿灌輸男女學生生涯選擇是植基於傳統的性別角色分工。

6.全面檢視所採用的各科教科書及補充教材，是否有性別偏見或失衡現象。

7.學校的空間、體育用品，甚至於學校設備、校規的訂定等，都必須確保性別的公平性。

8.提供男女學生合作學習的團體互動經驗。

在「尊重自己與別人的身體自主權」部分，身心障礙學生較易出現在公眾場合玩弄性器官的現象。若孩子已經出現積習難改的自慰行為，則可使用行為矯正法，透過行為改變原理，並控制環境因素或設計有利情境，以改善孩子的不當行為。也可試著使用輔助方式來約束他，例如：

1.穿上繫皮帶而非鬆緊帶的褲子，使手不易伸入褲內。

2.夏天寬鬆的短褲可以改成較緊的七分褲，減少從寬鬆的褲管伸入的機會。

3.較嚴重時，可徵求父母的同意，戴上四指相連的手套，使之不易活動。

4.讓他的手常維持有事做的狀態，以避免碰觸性器官。

5.嚴重時，可穿上連身裝（拉鍊在後），使手不易伸入衣服玩弄性器官。

在「保護自己的身體，避免受到性侵害」部分，社會新聞中兒童性侵害的問題時有所聞，根據統計，一至十二歲的兒童是高危險受害群，加害人大部分是兒童所熟識的人。在身心障礙者身上，這種現象除了更嚴重外，年齡層的涵蓋也更廣。和身心障礙兒童談論性侵害問題的目的，是讓身心障礙兒童可以正確的辨識哪些是性侵害的行為，並且讓身心障礙兒童有機會去思考及練習，如何應付隱藏著性侵害危機的情境。以下是可以進行的步驟及話題：

1.隱私處

隱私處包括胸部、生殖器官、屁股以及嘴巴等四個部分，教師可強調，每個人都應作自己身體的好主人，進一步解釋被衣服覆蓋的部位是特別且隱私的，要好好保護，不能隨便讓別人（包括教師、家長及親人等）碰觸或觀看，除非是在就醫等特殊情形。

2.性侵害

兒童必須知道，大人試圖侵犯兒童的隱私是不對的，有兩種性侵害類型是孩子必須知道的：

(1) 沒有碰觸的性侵害，包括口語上的性騷擾、色情電話、要求兒童觀看色情節目或圖畫。

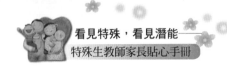
(2) 碰觸的性侵害：包括愛撫、口交、性器官插入或企圖插入、觸摸隱私處、強暴、亂倫。

兒童必須知道，會做這些事的大人不一定是陌生人，也有可能是認識的熟人，但沒有任何人是可以這樣做的。有些大人會擔心兒童會以此為藉口而不聽大人的話，但我們必須建立的觀念是，若要兒童尊重愛護自己的身體，大人也要尊重孩子對身體的自主權。

3.如何說不

大多數時侯，兒童都被教導要服從及尊敬大人，兒童必須先取得大人的允許，事實上，若他們不喜歡，他們可以且必須說不。但仍有些特殊的情形，如看牙醫、受傷等。最有效的方式就是訓練兒童藉由堅定且大聲地說不，來阻止潛在危險的發生，並且快速的離開現場，往人群聚集的地方前去。我們可以透過一些潛藏危險的情境，來和孩子一起角色扮演，練習如何說不：

(1) 若陌生人說他是警察，叫你上他的車，他要問你一些問題，你會怎麼辦？

(2) 如果朋友要你脫掉衣褲，玩醫生病人的遊戲，你會怎麼辦？

(3) 如果大人要你觸摸他的陰莖，你會怎麼辦？

(4) 如果認識的大人要觸摸你的兩腿之間，你會怎麼辦？

除了智能障礙者外，許多認知異常的特殊孩子在日常生活或工作場合中，都可能面臨這類危機。根據《刑法》第221、222條，對精神、身體障礙或其他心智缺陷之人以違反意願之方法為性交者，將構成妨害性自主罪，處七年以上有期徒刑。但由於有些智障者因理解力與判斷力的限制，根本不知道什麼是強暴，往往是有懷孕跡象出現或肚子大起來時，才被人發現遭到性侵害。因此

在提出告訴時，要證明性交違反智障者的意願，的確有其困難之處。有鑑於此，《刑法》第 225 條明訂，利用其不知抗拒而為性交者，處三年以上十年以下有期徒刑。然而，我們還是希望，能在事前盡可能教導孩子避免這類事情的發生，以下是幾點教導身心障礙孩子避免性騷擾（性侵害）的原則：

1.若孩子無法自己行動，出門前務必教導孩子緊跟隨父母或親人一起行動，且不可以離開親人的視線。

2.若孩子能外出，要告知外出的地點、對方的電話、預定回家的時間等訊息。如果不能按時回家，則應養成打電話告知父母的習慣。所以一定要教導孩子會使用電話，若單獨在家遇到不會處理的狀況，也可打電話給父母或親人。

3.孩子若要到朋友家玩，父母應先瞭解其家庭環境及家庭結構，是否還有其他人一起去？對方家中有無家人在家？最好事先與對方家長打招呼，請對方多加照顧。

4.孩子外出最好有友伴跟隨。在路上行走應多走大馬路，避免走小巷。

5.每天上下學（班），搭固定路線的公車，走固定路線，不要任意更換。搭乘公車時，可事先告知司機下車站牌。若孩子無口語能力，也可配合使用溝通卡。搭車找位子坐時，最好找同性乘客乘坐，若沒有位子，也儘量站在同性乘客身邊。

6.下課（班）後應盡快回家，不要在外逗留。若孩子還看不懂時鐘上的時間，可以配帶電子手錶並設定好時間提醒。

7.教導孩子至固定的商店購物，最好是連鎖便利商店，以便孩子指認。

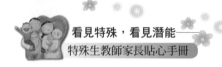
8.若路上有陌生人詢問事情，可告知：「我不清楚，請你問別人。」

9.若一時迷路時，可至連鎖商店詢問、問女性路人，或打電話回家。

10.衣服的穿著要適當，避免過於暴露。

11.請親朋好友配合，避免用擁抱或親吻等方式打招呼，以避免孩子產生混淆。

12.教導孩子不要因為好奇而去觸碰他人身上的飾品，以免被誤會。並告知若不小心碰到他人，要立即說：「對不起。」

13.在學校或戶外遊樂設施上廁所時，最好結伴同行。

14.孩子單獨在家若遇到有人敲門，教導孩子在門外溝通，切勿讓不認識的人進入家中。如果孩子沒有口語能力，則教導孩子不必開門。

15.如果有人用不舒服的方式觸摸自己的身體，一定要大叫：「不可以！」並立即跑開，告知父母或師長。

3 國小注意力缺陷過動症學生的學校與親職性教育

　　常常有人會問，應該在小孩幾歲時才開始跟他談「性」？事實上，這個問題本身就有點問題；也常有人說，我們大人平時不用講，等小孩發問時再回答就可以了，但這也不是解決的好辦法。在對小孩進行性教育時，最重要的一點是，要在他們尚未提出問題前，就應讓他們對廣義的性知識有基本的瞭解。如果有這一層功夫，相信小孩也比較不會出現偏差行為了。

　　根據我國《特殊教育法》的規定，將障礙類別分為十三大類，而這些特殊兒童的性事除了男女有別外，更由於個別的性障礙差異與社會態度的交互影響，而造成他們在性知識和性態度的特有模式。特別是學習障礙、情緒障礙以及輕度障礙的孩子，礙於外表與一般人無異，卻又具有表達能力限制以及認知理解上的差異，因而造成一般人往往以常人的心態，去評價這些孩子的性模式。

　　大多數的研究認為，特殊兒童的性發展是與常人同步進行。而我們所討論的注意力缺陷過動症學生，其性發展雖是與常人同步進行，但會伴隨其他問題。有些注意力缺陷過動症學生，其語言表達相當有限，既無法充分表達自己的意見，也因其聽覺理解與注意力缺陷的問題，較不易接受別人的口語指示。有些可能瞭解別人所說的話，但自己無法表達出意見；而有些雖能重複別人的話，實際上卻不瞭解意思。由於注意力短暫及精神不集中的問

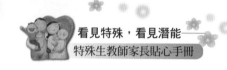

題，使得他們常常無法專心學習。

除此之外，在人際關係上，注意力缺陷過動症學生常常只停留在視他人為滿足其日常生活所需的工具，或停留在外在的社會化行為，而無法發展出更深入的分享與關懷，常在處理人際行為上出現問題，故而在未來的性別關係建立上，會較易遭遇挫折。所以也許面對普通學生時，他們可能有多元管道或按正常的學習模式學習，但面對注意力缺陷過動症學生，我們便需多付出一份心力。

 一、學校部分

目前在九年一貫實施的教育體制下，從國小低年級開始就必須要上性教育的課程，例如：「九年一貫課程綱要」在健康與體育領域中，即在小學一至三年級階段的分段能力指標之「1-3-3」，列出「運用性與性別概念，分析個人與群體在工作、娛樂、人際關係及家庭生活等方面的行為」，強調的是性教育應該及早實施，未雨綢繆，對特殊兒童也應如此。

而九年一貫的性別教育，除了強調性別平等之外，其核心課程還包括了性別的自我瞭解、人我關係以及自我的突破。孩子雖然知道自己是男生或女生，但到底男生和女生有哪些不一樣，在未來性別關係的培養、性知識教導上如何實施，以及學校教育及家庭教養的配合等，都要加強。而我們在教育注意力缺陷過動症學生時，尤須注意下列數點：(1)回答孩子的問題之前，要充分瞭解孩子問題的意義，不慌不忙的回答，必要時可輔以重述及示範，以確定孩子理解；(2)避免不實的回答問題，否則孩子在發現

事實真相之後，會產生不信任感；(3)根據孩子的年齡及學習瞭解度，給予適切的答案，並確定他已「聽到」。在講解性教育的內容時，應說出學名，不宜以其他詞語或兒化語取代，因陰莖、陰道、乳房等器官，就像身體的口、鼻等部位一樣平常，不必逃避，同時也是避免造成口語及理解能力較弱的注意力缺陷過動症學生誤解；(4)性是生活的一部分，應把握時機，以生活的性事物做為教學題材和機會，自然地進行性教育，較易引起學生的學習興趣，但應在教學者及孩子都覺得舒適及自在的氣氛下進行；(5)為了不使孩子感到疑惑，不瞭解之處要留待下回告知。

　　注意力缺陷過動症學生較易在因長期得不到正向注意力時，會基於「愛現」、「耍酷」的不成熟心態，想博得同學的「敬佩羨慕」，於是就喜歡賣弄自己在性方面的「成熟」。瞭解孩子的心態之後，面對課堂中愛挑起性話題的學生，教師自然能以寬容的心態去看待他。我們不妨換個想法，或許孩子只是想藉此引起老師的注意，希望老師能幫助他們多瞭解這個人生重要的課題。因此，在碰到這種情況時，我們不可以自己亂了陣腳或被他們激怒。

　　如果孩子一副無所不知的模樣，就該讓他知道天外有天，先幽默地挫挫他的銳氣，再以輕鬆莊重的方式和學生來一次交心。如果課堂氣氛還可以控制，可以順便教育全班；如果情況不許可，就對挑起話題的學生或全班表示：「這件事其實是相當重要且嚴肅的，老師也想好好和大家談，但現在時間不允許，如果有同學想私下談談，老師下課後樂意奉陪。」總之，先做好心理準備，不要讓孩子以為整到老師而得意，這反而會助長他們偏差的態度。唯有坦然開明與溫和堅持的態度，才能逐漸導正他們的班級常規，

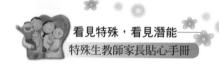
並得到正確常識。

二、家長部分

　　台灣的孩子僅有極少比例，是由父母處習得性教育知識，而因注意力缺陷過動症對課業的影響，更易使多數的注意力缺陷過動症學生的家長，將關心焦點全集中在課業學習上，而忽略了課業學習無成就感的注意力缺陷過動症學生，可能更易轉移他們的心思在不具壓力的電視、漫畫及網路上，而由其中獲取成就感。因篇幅限制，僅針對孩子看色情影片及書籍、網路沉迷與交友問題作討論。建議若發現此類情形時，為人父母可和孩子單獨地談論這件事，以溫和理性的態度進行溝通，同時別忘了讓孩子真正明白你的意思，步驟如下：

　　1.向孩子表示，父母願意傾聽他的看法與想法，找出孩子看色情影片或書籍的原因，並告訴他們做父母的想法。溝通時必須堅守自己的原則，看色情影片雖然不是什麼滔天大錯，但它也不是件值得鼓勵的行為。與孩子談話時，要針對看色情影片或書籍這件事進行溝通，千萬不要加入其他事情，如：學業成績等項目，這會引起孩子反感，可能也會扯離話題，發生爭吵。趁機稱讚孩子的其他優點及嗜好，如負責、聽話……等，可以強化孩子改變行為的決心！

　　2.採用智取的方式來讓孩子自然而然地瞭解性，例如：許多人都習慣上廁所時看本書，這時可在廁所內放置有關健康性知識方面的書籍，孩子自然會因好奇而去閱讀，便能自然而然的達到性教育的目的。也可在與孩子一起看電視時，自然討論性教育的相

關情節，以達隨機教育的目的。

3.可以提議孩子做一些取代看色情影片或書籍的娛樂方式，例如：打籃球、棒球、游泳、下棋、看電影……等休閒活動，但儘量不要提到用功念書等相關事項。

4.約法三章而非全面禁止：網際網路已成全民運動，若是全面禁止，孩子可能易生反抗之心，建議家長可關心但要放心，亦即關心子女使用網路的情形，但對於子女正當使用網路能多放心。同時親子之間要「約法三章」，也就是約定如何正當使用網路，可包括三原則：(1)「不沉迷」：從事網路活動時，不沉迷其中而影響功課或身體健康；(2)「不露像」：運用網路聊天或交友時，「不暴露」自己的相貌及隱私資料；(3)「不私下」：運用網路交友以不私下交往為原則，以保護自己與家人。資策會科技法律中心參考美國教育部與各大單位發布的上網須知，公布了家長關懷子女上網須知、青少年上網須知與兒童上網須知等，也可提供參考。

5.詢問孩子改變的意願，然後雙方達成共識：最後還是要注意——言教不如身教，家中環境儘量不要有讓孩子看到色情影片的機會（例如：色情頻道鎖碼或不裝第四台）。若孩子在家時，父母的其中一人最好也跟隨在家，同時也鼓勵孩子發展一些良好安全的嗜好。家中電腦可加裝過濾色情網站，或可設定上網時間的軟體，以協助孩子發展自制力。電腦也應盡可能裝設在家中的公共空間（例如：客廳），或是跟父母共用書房，如此可較清楚孩子使用網路的情形。

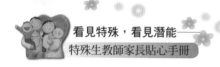

4 如何和情緒行為障礙的孩子相處

　　小華總是一副精力旺盛的樣子，老是喜歡跑上跑下，和別人說話時常常沒有聽完就打斷對方，上課時常常心不在焉藉故離開座位，身上好像有用不完的精力，就像一隻精力旺盛的跳跳虎。小華真的這麼有活力嗎？他有可能是注意力缺陷過動症（以下簡稱 ADHD），主要的症狀為不專心、衝動、過動，其症狀時常在幼兒階段就出現，卻容易遲至就學時才被發現。

　　根據美國精神醫學會的診斷手冊（DSM-IV-TR, 2000），ADHD的診斷準則如下：

A. 符合(1)或(2)

(1)下列九項注意力不足症狀中至少六項，且持續六個月以上，有適應不
　良現象，且其表現未達應有之發展階段：

注意力不足／分心

(a)常忽略細節，在學校功課、或其他活動中粗心犯錯
(b)做作業或遊戲時不能持久、專心
(c)常常聽而不聞
(d)常常不聽從指示，而無法完成學校功課、雜務或該做的事
(e)對於完成需要按照順序或多步驟的工作或活動有困難
(f)常常逃避或非常討厭需要持續專心的事物
(g)常弄丟東西
(h)容易分心
(i)健忘

---

(2)下列九項過動／衝動症狀中至少六項，且持續六個月以上，有適應不良現象，其表現未達應有之發展階段：

過動
(a)在座位上常手腳動來動去或身體扭動
(b)坐不住
(c)常常過度的跑來跑去或爬上爬下
(d)很難好好的玩或上課安靜聽講
(e)沒有辦法持續做一件事而換來換去
(f)多話

衝動
(g)常常在問題尚未講完時就搶著說答案
(h)在需輪流的團體活動或遊戲中不能等待
(i)常常干擾或侵犯別人

　　小明常常在課堂上公然反抗老師或不聽從指示，也常和老師吵嘴，故意擾亂觸怒他人，把自己的過錯歸咎於他人，常與人打架或爭吵，經常顯現暴躁易怒，就像一隻憤怒的刺蝟。小明真的這麼容易生氣嗎？他有可能是對立性反抗疾患，是指兒童或青少年的行為比同齡者更具敵意與對立性（例如：與大人爭論或者是爭辯），其經常對權威者（老師或家長）出現反抗、不服從與敵意的行為。

　　根據美國精神醫學會的診斷手冊（DSM-IV-TR, 2000），對立性反抗疾患（以下簡稱 ODD）的診斷準則如下：

　　以下行為持續六個月以上，而在這期間下列情況出現四次以上：

　　1.經常發脾氣

　　2.經常與成年人起爭執

　　3.經常主動反抗或拒絕聽從成年人的要求或規定

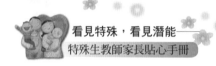

4.經常故意激惹他人

5.經常因自己的過失或不當舉止而責怪他人

6.經常暴躁易怒或易受激惹

7.經常充滿憤怒與憎恨

8.經常懷恨或記仇

9.經常任意發誓或說髒話

　　情緒行為障礙多數根據美國精神醫學會的診斷手冊（DSM-IV-TR, 2000）做鑑定，除需注意症狀的初發年齡（例如：ADHD發病年齡為七歲以前）及符合診斷手冊中診斷項目規定外，症狀情形通常必須至少持續六個月以上，廣泛發生於兩種或兩種以上的場合（涵蓋學校、家庭、社會）。要注意的是，這些行為必須比相同年齡及相同認知發展水準的人之典型所見發生得更頻繁，必須造成社會、學業或職業功能的重大損害，才算符合特殊教育的鑑定原則。所以我們如果只是愛洗手，可以說是愛乾淨，但若洗手洗到沒辦法出門或是上學，則較易會被診斷為強迫症。

　　前述的這些症狀在國內除醫療系統之診斷與處遇外，教育系統將其歸類為情緒行為障礙，多根據各縣市政府特殊教育學生鑑定及就學輔導會做鑑定與安置輔導。2012年新修正的《身心障礙及資賦優異學生鑑定辦法》第9條規定：「情緒行為障礙，指長期情緒或行為表現顯著異常，嚴重影響學校適應者；其障礙非因智能、感官或健康等因素直接造成之結果。前項情緒行為障礙之症狀，包括精神性疾患、情感性疾患、畏懼性疾患、焦慮性疾患、注意力缺陷過動症、或有其他持續性之情緒或行為問題者。……情緒行為障礙，其鑑定基準依下列各款規定：

　　1.情緒或行為表現顯著異於其同年齡或社會文化之常態者，得參考精神科醫師之診斷認定之。

　　2.除學校外，在家庭、社區、社會或任一情境中顯現適應困難。

　　3.在學業、社會、人際、生活等適應有顯著困難，且經評估後確定一般教育所提供之介入，仍難獲得有效改善。」

　　針對情緒行為障礙學生，目前主要治療與輔導方式大致分為下列四種：

1. 持續規律醫療追蹤

　　例如國內兒童精神醫學治療 ADHD 的第一線藥物為中樞神經興奮劑，可分為兩類：

- ・短效藥（維持三到四小時）：利他能（Ritalin），藉著減少多巴胺的再吸收，延長多巴胺在神經突觸的作用時間，而達到治療的目標。
- ・長效藥（維持十二小時）：專思達（Concerta），可提昇多巴胺神經傳導素之神經化學訊息傳導功能。

　　筆者與謝瓊慧（2013）發表的 ADHD 學生藥物治療研究中發現：(1)國小 ADHD 學生有 38.6%使用過藥物治療且以使用利他能者占多數（68.5%）；(2)國小一年級就開始用藥的占 ADHD 學生的 33.8%；(3)服用藥物的 ADHD 學生，服藥後的行為有顯著改善。

　　建議家長教師在藥物治療上需注意下列各點：(1)確保診斷是正確的；(2)需做嘗試才能找到合適的藥物及選擇正確的劑量；(3)相信醫師的建議，確保您的孩子是需要藥物的；(4)有任何副作用，應提醒醫生，而不是自己暫停用藥。

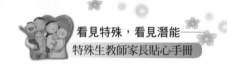

2. 養成固定運動習慣

運動可以促進腦衍生神經滋長因子的分泌，增加神經傳遞物質的分泌合成，增加血清素分泌，能提昇心理健康，對於情緒行為障礙學生有很大幫助。

但什麼樣的運動對情緒行為障礙學生而言效果最佳？例如：針對 ADHD 與 ODD 學生，能提高心跳率的運動（如：慢跑、騎自行車等）、架構嚴謹的運動（如：武術、體操、舞蹈等），或是規則明確的運動（如：桌球、網球、羽球等）都是不錯的選擇。

3. 應用膳食療養

多數情緒行為障礙學生需避免高糖高鈉高咖啡因的食物，同時避免人工色素和防腐劑。歐盟要求含有添加劑的食品包裝上需有標籤警告：「這種食品可能對兒童的活動和專心有不良影響」。兒童應該多食用含高葉酸（如：綠色蔬菜）、高蛋白質（如：核果類、肉類、豆類）、omega-3（如：鮪魚、鮭魚等大型深海魚）的食物。

4. 言行一致的教養策略

以下是給父母師長的一些教養建議：

- 孩子發脾氣時，不要用爭辯、威脅和體罰的方式來處理，而可以用暫時隔離或是取代行為的方式來處理。
- 給孩子緩衝的時間來改變他們的心意和說「是」。
- 對他們不想做的事，設法把它包裝成他們喜歡的事情，藉此來吸引孩子執行。
- 對於破壞性或攻擊性的行為，立即給予糾正。
- 尋求問題解決時可採折衷辦法，採納孩子意見，增進他們對

　　家庭或學校的參與感。

　　孩子的管教問題是值得一輩子學習的藝術，總在不同時間點會有不同的火花，而儘管他們常常犯錯，父母及師長還是不能控制的愛他們。所以我常告訴自己：「孩子的犯錯是暫時的遺憾，但錯過孩子的成長會是永遠的遺憾！」如果能有這樣的心態，在教養孩子的過程，我們比較容易由決定者成為引導者，當我們是一個孩子信任與需要的引導者時，教養策略的成效也就自然的發生了！

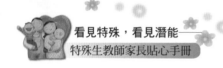

5 班上的安靜透明人
——談選擇性緘默症

　　曉華從不與人交談，總是一個人靜靜的坐在座位上，大家都以為她不會說話。上課時，只有在老師要求翻開課本或拿起鉛筆等靜態活動時她才會跟著做。其他時間，她就像個陶瓷娃娃一樣，靜靜的看著教室裡的一切活動，對老師的要求毫無反應。剛開學時，教國語課的導師要她站起來朗讀課文，她沉默的低著頭，不發一語的跟導師僵持了五分鐘，導師只好無奈的要她坐下，數位科任老師紛紛向導師反應，認為她故意不理人。

　　但是媽媽說曉華在家很正常，會與弟弟妹妹玩在一起，講話的聲音比其他家人還大聲，可是，曉華只要一到學校就沉默不語，面無表情地坐在座位上。媽媽覺得若在家裡情況正常就還好，所以也從未帶孩子就醫。曉華因為總是無法讓自己開口問問題，聽不懂課堂內容或有其他疑問也無法尋求協助，所以課業慢慢受影響。在班上也像個透明人般，分組或所有下課時間，沒有人想要跟她互動……。

　　各位老師或家長，您有遇過像曉華這樣的孩子嗎？建議您試著檢視他是否有以下的行為表現：

　　□ 在學校不說話，連要求回答問題，也是沉默不語；但回家後
　　　　可以與家人正常對話及互動。

　　□ 面無表情，看不出他的情緒。

　　□ 常讓人誤以為他不會說話。

　　□ 少以口語表達他的需求。

　　□ 會願意配合不需要出聲的工作，如抄寫聯絡簿等。

　　□ 會妨礙他的學業成就或人際關係。

　　如果他在過去一個月出現以上行為，他的情況可能疑似有「選擇性緘默症」的特徵。

　　選擇性緘默症個案通常具有足夠的語言理解能力和表達能力，但在特定社會情境中會一貫地保持不說話，此障礙會妨礙個案教育或職業的成就，且症狀持續一個月以上（非新入學或剛開學的第一個月）。此障礙無法以一種溝通疾患（如口吃）做更佳解釋，也並非僅發生於一種廣泛性發展疾患、精神分裂症或其他精神病性疾患的病程中。選擇性緘默症的伴隨特質包含過度害羞、害怕社會情境下受損、社會隔離及退縮、依附現象、強迫性特質、消極反抗、易怒的脾氣、操控或對立的行為模式（在家中尤其明顯）。社會及學業功能嚴重損害，常受到同儕嘲弄或被當作代罪羔羊，雖然一般個案的語言技能正常，偶而也會伴隨溝通疾患。

　　但是新住民的兒童不熟悉或不習慣使用新地主國的正式語言，可能在新環境裡拒絕對陌生人說話，這種行為不應被診斷為選擇性緘默症。選擇性緘默症在發生率上，女性多於男性，個案出現率則少於 1%。兒童常在五歲前初發，在幼稚園階段多數會伴隨分離焦慮現象，然而因在家中行為正常，所以父母常忽略老師的及時反應。通常此障礙在國小入學後，因人際關係或是課業學習受阻，才會受到關注，而此障礙有的只延續幾個月，然若未經適當處遇，有時甚至可達數年之久。

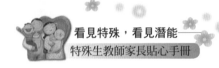
一、選擇性緘默症的治療

在選擇性緘默症的治療方面，最常使用的方法如下：

1.行為治療

行為學派觀點強調個案不說話的問題，乃源自因為不說話可以得到更多的好處，而說話會得到不好的結果，因此行為治療的重點乃是加以反制約。此外，行為塑造、自我模仿等技巧也被用來處理選擇性緘默症狀。前者是增強個案的嘴部動作，使其趨近說話的動作，直到個案能夠真正說話為止；後者是讓個案觀看自己成功做出想達成行為（如說話、與人互動）的影片。

2.藝術或遊戲治療

心理動力學派則主張選擇性緘默的症狀是內在心理衝突的顯現，因此治療目標就是確認並解決潛在的心理衝突，建議利用藝術或遊戲活動為媒介來幫助溝通。

3.藥物治療

兒童心智科醫師建議阻斷血清素再吸收的藥物對治療社交畏懼症十分有效，而且近來發現對選擇性緘默症也有幫助。唯許多家長期待小孩服用藥物之後，小孩能立即開口說話，這種期待並不實際。使用藥物是多重治療模式中的一環，它的功用是在降低小孩的焦慮程度，減輕他們的畏懼，讓他們有比較自在的感覺。換言之，藥物並不是直接用來治癒選擇性緘默的症狀。

二、面對選擇性緘默症的教學小秘訣

因為選擇性緘默症的行為問題多數在學校情境產生，所以以

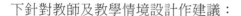

下針對教師及教學情境設計作建議：

1. **當旁人對他的沈默表示否定時……**

   (1) 不特別注意或凸顯孩子的沉默行為。

   (2) 不要以權威者身份壓制孩子或者以乞求、賄賂的手段強迫孩子說話，或透露出你多麼在意聽他說話。

   (3) 讓孩子在不安的情境中試著找到有台階下的方法，或避免讓孩子成為眾目睽睽的焦點。例如：對他較有疑慮從事的活動採事前反覆提示，過程中緩衝執行的方式，可以採取認定個案尚未做好準備或先由別人做的方式進行，避免立即面對面要求孩子達成目標。

   (4) 帶領全班或小團體一起做「不需要說話」的活動，活動開始前先清楚說明規則，可以利用體育課或是綜合活動課帶領需與友伴互動的遊戲，使遊戲成為溝通的媒介，或是利用戲劇課做肢體類的互動或是角色扮演活動。

2. **當我想要引導他回應時……**

   (1) 當孩子還無法開口說話時，提供過渡性的溝通方法，例如：用手勢、寫在白板或電腦上，或是 email。

   (2) 鼓勵家長在假日時，邀請幾位同學到家裡玩。家長可以準備食物及孩子喜歡玩的遊戲，例如：桌遊或是 Wii 等，但不宜立即強迫孩子自己開口招呼同學，或到家裡後是各自玩電腦線上遊戲等。

   (3) 在課後或在安靜不受干擾的空間裡，和孩子獨處，可以一起做些事，或就像他願意說話般跟他聊聊天，愈能自在相處，孩子愈有開口的機會。

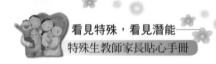
(4) 讓孩子做較沒有壓力但可能有機會說話的工作，例如：「請你帶這位同學去置物櫃，讓他知道美勞用品要放哪裡。」

(5) 邀請班上孩子做家居生活錄影或是錄音說故事的家庭作業到校分享，讓同學及孩子自己都能聽到自己說話的聲音。

(6) 將孩子調至離教師較近的位置，這樣教師可以給予適時協助，也讓孩子習慣與教師近距離的接觸；同時最好在其座位兩旁安排孩子能接受且個性較活潑的同儕。

3. **當孩子表現溝通的意願時……**

(1) 當他嘗試以任何形式溝通或參與時，不給予特別公眾關注與獎勵，避免孩子因為突然成為焦點而再度退縮，但建議私下給予鼓勵。

(2) 如果孩子可以和特定的同學說話，安排座位讓他們坐在一起。

(3) 提供孩子參與的機會，但不要加諸「期待反應」的壓力，例如對他說：「我好喜歡這個顏色，好想知道你是怎麼調出來的！」而不要說：「你是怎麼調出這個顏色的呢？」若孩子有反應，我們就很自在的做接續反應，若孩子無反應，我們也可自然的自問自答。

(4) 善用聲音遊戲軟體、錄製留言等方式，讓孩子習慣聽到自己的聲音，達到遞減敏感的效果。

6 提昇特殊教育品質，以保障特殊孩子人權

　　人權是一個國民受國家保障所必須有的基本生存權，教育權是每一位國民受保護的基本生存權益之一，而特殊教育之推展則為一個國家經濟進步的指標。政府在《特殊教育法》通過後也大力推動我國特殊教育之相關政策，早期的推動，是以資優與智力、感官及肢體障礙等為主，行有餘力後，亦開始關注學習障礙或情緒障礙，普設資源班以協助這些智商正常，但在課堂上產生認知學習困難現象，以致於成績低落的學生。

　　我是一個特教人，長期面對弱勢團體，特殊教育常被別人視為無經濟效益，因為再怎麼教，孩子進步的潛能似乎有限；因而特殊教育常被一般大眾視為浪費預算，也間接侵犯了孩子的生存權益提昇之保障，或是基本教育態度為同情與憐憫，而未能考量教育之基本目的為期待孩子成為一個幸福的人。所謂幸福，需符合至少以下三要點：(1)可控制自己想控制的生活事項：故而智障與多障者須教導其生活自理能力，注意力缺陷過動症者須訓練其有效控制自己的注意力等；(2)能做好或智慧的決定：亦即能有足夠知能做足以受到社會肯定並且自己能心安執行的決定；(3)能對所下的決定負責：對所做的決定願意負責且能負責。用一個通俗的例子來說，也就正如我們一般人想買房子時，有能力讓自己去看各類型的房子（控制自己想控制的生活事項），看房子時有足

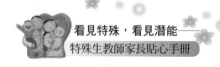
夠的知能判斷房子的好壞與適合與否（能做好或智慧的決定），做下要買的決定後，能有足夠的財力負擔（能對所下的決定負責），這是一種幸福的感覺！但若中間缺了任何一個環節，可能都會讓我們覺得幸福感降低。而對特殊孩子而言，藉由特殊教育所習得的知能，使其能在社會中得到接納與尊重，過有尊嚴的生活或是能適性發展，方是符合人權保護需求的幸福生活！

近幾年隨著台灣經濟成長的消弱，特殊教育經費的成長也在無形中受到限制，過往認為特殊教育是浪費而應優先撙節的概念又慢慢升起。然而大家或許不知，資優學生是屬於特教服務範圍，學習障礙是屬於智力正常的偏才，只要好好培養，新加坡前總理李光耀、美國前總統雷根、演員湯姆·克魯斯等，都屬這類人。亦即對偏才型的學生而言，若我們能好好教育，將其放對位置，就會是人才；但若放錯位置，則可能看起來一無是處，並會對社會造成大妨礙。就連平常所認為的智障學生，姑不論人權保護及《憲法》所保障的教育權概念，我也覺得他們是屬於教育經濟學裡，邊際效益很高的一群。因為如果把智障的孩子教到可以獨立生活，則照顧他的大人可以脫離去工作，就算用最低工資每月約 19,047 元計算，也可以為社會創造至少 19,047（元）×12（月）×50（年）的經濟效益；這還不包括例如：他的父母婚姻可能因有教育支持系統而得以保存，或是他的正常手足可以在正常環境中成長，而不因身障手足影響未來家庭生活等邊際效益。這也正如我們說的，是要花錢教育情緒障礙兒童，還是要日後將錢花在監獄、療養院及各類受害者補助上。若就金錢花費的邊際效益而言，當然是用在教育上的事先預防與養成，會比事後盡人事的彌補要高

得多！

　　近年來，地方政府因實施老人年金及營養午餐免費，而排擠到教育及社福經費；雖然官方回答是「未排擠」，但事實上，經費的餅就這麼大，若是未排擠，為何早期療育支持系統的資源愈來愈少？為何我們要針對有特殊學習需要的孩子增設資源班會如此困難？為何我們要成立輔導情障孩子的整合平台，卻總是缺少經費？為何國小輔導室未能有專任輔導老師的編制，讓孩子可以從小擁有優良完善的輔導系統支持？為何……？有太多教育上美好的政策我們可以去施行，但我們卻選擇了最邊緣的部分。教育政策的缺失可能要十年後才會看得到，等我們年老到需被這群缺失政策教育大的人照顧時，我們才能深刻感受到！而在特殊教育上的減少投資，也要等我們未來被龐大的福利預算壓垮及社會付出高昂成本時，才能痛自悔悟！然而，我們特殊孩子的人權保障，以及原本可能的幸福，卻已一去不再回！

　　這些現象引發我想到，有一年母親節與身障孩子家長在一起的情景，我看到媽媽們拿著政府單位致贈的康乃馨及卡片——新鮮豔麗的康乃馨在母親節的價錢一定很高，燙金的卡片是在顯示政府對母親節的重視——但在我面前的卻是一堆：因特教資源不足，以致於孩子無處去；校內普通班教師特教知能缺乏，以致於親師溝通不良；社會大眾對身障孩子接納度低，而導致生活飽受壓力的焦慮家長。花很快會謝，而我們孩子的困境卻永遠在。我寧願政府不要花錢在這無用的康乃馨及卡片上，我希望政府把所有買康乃馨及卡片的心思與錢聚集起來，真正去做一些幫助我們身障兒能夠度過學習困境，可長可久的政策上！因為孩子的成長

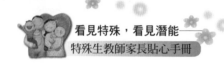
不能等，孩子的問題是沒有藍綠之分的，不管他們是什麼樣的孩子，我們的未來總有一天要交到他們手上。在現今充滿口水與憤怒的環境裡，只見政府官員似乎情緒障礙，以為全民皆智能障礙，試圖用他們自己都不相信的話來催眠民眾；這樣下去，有一天我們的國家將會癱瘓成多重障礙。我看不到政府所謂的政策，甚至連落實原有政策的承諾都有問題。誠然錯誤的決策比貪污更可怕，政策的賄選比個別賄選還應譴責，然而政策的忽視與不作為，卻毋寧比判這些弱勢父母與小孩凌遲之刑，更令人恐懼！

在政府大力呼籲改善治安的同時，我們是否該深思，有好的經濟才能有好的治安，而要有好的經濟需要有好的教育。在現今特教政策邊緣化的同時，台灣教育也墮落化了！在高呼人權立國的同時，我們需要對特殊教育投注更多的心力與經費，有更明確的中、短、長期目標，將錢用在刀口上，方能真正保障我們特殊孩子的人權！

勇者或魔鬼——談身心障礙者的 大眾傳播媒體權保護

　　我們可以用法律去規範行為的改變，但卻很難用法律去規範態度的轉變。態度、信念及迷思，是身心障礙者在融入社會過程中，主要的障礙之一，改變態度、信念及迷思是在藉由真實接觸或有意義的溝通後，最能改變。然而，在人際疏離的今天，大眾傳播媒體在增進身心障礙者與一般人的互相瞭解上，確實扮演了一個重要且有效的角色，也就是「因為瞭解，所以關懷」的理念。然而若瞭解的形象是被扭曲的，就如同我們常在西方電影中看到的中國人形象——已經是 21 世紀的今天，仍然會是留著長辮、穿著漢服，或是待在煙霧繚繞的房裡施著各種魔咒，充滿神祕色彩，或是功夫高強，水裡來火裡去；然而，今日的中國人真是這樣嗎？

　　身心障礙者在各種大眾傳播媒體中的形象，有一種傾向是常會被妖魔化，所以許多的妖魔鬼怪往往有著各種感官、智能或形體上的缺陷；另一種傾向是會被勇者化，過度描述他們能如常人一般做任何事或是超越常人，例如：用腳飛翔的女孩等。在報導的同時，較重結果的呈現，而往往忽略了他們艱苦萬分的奮鬥過程。當資本主義社會消費任何事的同時，大量或誇大報導各種美好曲線、幹練心智及消費可能時，身體及心智對我們每一個人而言，已不再是僅具功能性，而是展示用的；故而做為一個人的主體，便會愈來愈無法承受不完美的心智或身體，身心障礙者的妖

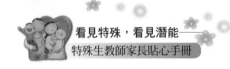

魔化傾向報導，會使人們企圖把「我」與不完美的異己做切割，
認為：他一定是前輩子做了什麼壞事，所以這輩子才會變成這樣；
或是他一定是命格不好、不小心，我只要好好照顧自己，就不會
變成這樣。當人們受到這類報導的影響時，會加深自己與不完美
異己間的鴻溝，採用選擇性、偏頗與負面的觀點，由大眾傳播媒
體之本體去建構對身心障礙者的認識，進而拒絕瞭解或恐懼，而
對身心障礙者產生歇斯底里的情緒。而勇者傾向的報導，則容易
誤導民眾對身心障礙者產生過度期望，甚或產生冷漠或忌妒的情緒。

　　事實上在現今，我國對身心障礙者的大眾傳播媒體權，已有
許多保護條文，例如：《身心障礙者權益保障法》第 74 條提到：
「傳播媒體報導身心障礙者或疑似身心障礙者，不得使用歧視性
之稱呼或描述，並不得有與事實不符或誤導閱聽人對身心障礙者
產生歧視或偏見之報導」及「身心障礙者涉及相關法律事件，未
經法院判決確定其發生原因可歸咎於當事人之疾病或其身心障礙
狀況，傳播媒體不得將事件發生原因歸咎於當事人之疾病或其身
心障礙狀況。」在同法之第 86 條第 2 項則訂下罰則：「違反第 74
條規定，由目的事業主管機關處新台幣十萬元以上五十萬元以下
罰鍰。」所謂目的事業主管機關，即我們的國家通訊傳播委員會，
主管身心障礙者無障礙資訊和通訊技術及系統、通訊傳播傳輸內
容無歧視等相關事宜之規劃、推動及監督等事項。而所謂傳播媒
體，則涵蓋報刊及以有線、無線、衛星或其他電子傳輸設施傳送
聲音、影像、文字或數據者。

　　《精神衛生法》第 23 條亦規定：「傳播媒體之報導，不得使
用與精神疾病有關之歧視性稱呼或描述，並不得有與事實不符或

誤導閱聽者對病人產生歧視之報導。」在同法之第 52 條也同樣訂下罰則：「傳播媒體違反第 23 條規定者，處新台幣十萬元以上五十萬元以下罰鍰，並限期更正；屆期未更正者，按次連續處罰。」

依據新聞學者陳順孝於 2006 年的〈解讀新聞的方法〉一文中，認為大眾傳播媒體在評估新聞價值時，常使用以下八個標準，也就是：(1)影響性：影響的層面與人數愈廣價值愈高，如：全民健保調漲費率或是石油每公升將調升等；(2)顯著性：新聞事件主角愈有名價值愈高，如：香港陳冠希事件等；(3)異常性：事情愈奇特新聞價值愈高，也就是所謂的狗咬人不是新聞，人咬狗才是新聞；(4)衝突性：衝突愈大價值愈高，如：美國攻打伊拉克或是近日的西藏衝突事件；(5)時效性：報導愈快價值愈高，如：總統大選時，每家媒體皆會希望能搶先報導時效性的得票數；(6)接近性：地緣或事件與閱聽者愈接近價值愈高，所以各大傳播媒體皆會有地方新聞；(7)實用性：愈是實用價值愈高，如：各種生機食品或防癌食譜之介紹；(8)人情趣味性：愈能彰顯人性價值愈高，所以各類新聞報導常需做訪問或是以故事型態出現。

故而以僅占全人口近 5%的身心障礙族群，在公共政策與特殊教育政策等討論，常很難得到大眾傳播媒體的青睞，然而其社會新聞卻往往符合異常性、衝突性、接近性、人情趣味性等新聞價值，同時為了吸引閱聽者的注意，編輯群會下一些較聳動的標題以突顯新聞性，例如：可能僅一名注意力缺陷過動症兒童在校內與人有衝突行為，編輯或記者可能會採注意力缺陷過動症兒童之全台灣推估數而下一個：「八萬名不定時炸彈在今日校園」的標題，以吸引閱聽人注意。

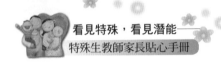

　　所以縱然有法律的保護，要改變一般人對身心障礙者的特定印象，顯然還有很長一段路要走。尤其現今基於言論自由與去管制化的前提，國家對媒體不再有任意管制的權利，必須有申訴者依行政機關權責，依據相關法律之規定，如前述之《身心障礙者權益保障法》、《精神衛生法》、《兒童及少年福利與權益保障法》等，向主管機關提出訴訟，主管機關依目的事業主管機關所提的意見進行審議後，再決定是否處以行政處罰。其實多數身心障礙者可能會期待，大眾傳播媒體在處理他們的新聞時，以對待一般人的角度來處理，因身心障礙者就是社會族群的一部分，應先看到是一個人的立場，才去看到他的障礙；所以身心障礙者的生活方式是希望愈像一般人愈好，人有的七情六慾及柴米油鹽醬醋茶等問題，身心障礙者也都會有。在大眾傳播媒體的形象上，身心障礙者需要的不是同情或過度期待，他們需要的是被尊重與被瞭解！

8 去除大眾傳播媒體歧視偏見 尊重基本人權

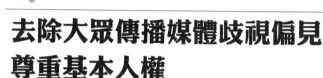

　　一般來說，僅占全人口近 5%的身心障礙族群，在公共政策與特殊教育政策等討論上，常很難得到大眾傳播媒體的青睞；然而其社會及醫藥新聞，卻往往因符合異常性、衝突性、接近性、人情趣味性等新聞價值，同時為了吸引閱聽群眾的注意，編輯群會下一些較聳動的標題以突顯新聞性，例如：事實陳述，符合新聞客觀原則的「男子持利剪亂刺　一死四傷」之標題，可能會被換成「疑似精神障礙男子磕藥後持刀亂刺路人　一死四輕重傷」。在大眾傳播媒體為刺激銷售量及觀看率的同時，歧視與偏見也就容易跟身障人士產生連結，在現今大眾傳播媒體形塑印象力量強大，幾乎人人會受影響的情形下，這種歧視與偏見不僅易讓身障人士污名化，不為社會大眾接納，在污名化的同時，也會更讓身障人士不易走出來，因而失掉與特殊教育及社會福利接軌的機會，失去特殊教育最重視的早期療育機會，也失去身障人士未來尊嚴生活的機會。所以去除大眾傳播媒體對身障人士的歧視偏見，不僅是基本人權的保護，更是身障人士能否享有正常生活尊嚴的關鍵之一。

　　關於大眾傳播媒體對身障人士的平等對待，我們要瞭解，人權並不是建立在同情之上，而是需要《憲法》及相關法律等公權力的保障，如果一旦被同情，無價的尊嚴就消失了。因為同情總

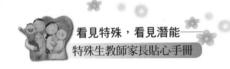

是來自強者對弱者，擁有者對欠缺者的角色，而且是沒有任何保障的，不論別人是基於何種理由同情我們，人權便會在沒有任何客觀法律及公權力保障，而僅有主觀且隨時會改變的同情心態之下，易遭到踐踏！

而事實上在現今，我國對身心障礙者的大眾傳播媒體權已有許多保護條文，例如：《身心障礙者權益保障法》第74條提到：「傳播媒體報導身心障礙者或疑似身心障礙者，不得使用歧視性之稱呼或描述，並不得有與事實不符或誤導閱聽人對身心障礙者產生歧視或偏見之報導」及「身心障礙者涉及相關法律事件，未經法院判決確定其發生原因可歸咎於當事人之疾病或其身心障礙狀況，傳播媒體不得將事件發生原因歸咎於當事人之疾病或其身心障礙狀況。」《精神衛生法》第23條亦規定：「傳播媒體之報導，不得使用與精神疾病有關之歧視性稱呼或描述，並不得有與事實不符或誤導閱聽者對病人產生歧視之報導。」

在相關新聞自律規範方面，除遵守前述法律規定外，電視台或廣播電台的相關網站（例如：TVBS電視公司、民視電視公司、中廣電台等）皆呈現身心障礙者新聞處理原則，其中內容除了前述《身心障礙者權益保障法》第74條及《精神衛生法》第23條之規定外，多會有下列原則：

1.未經當事人、家屬或其保護人同意，不得對精神病人及其他身心障礙者進行錄音、錄影或攝影等採訪工作。

2.對於行為異常者，不得妄加揣測其為身心障礙者。

3.相關新聞於報導從事不法或反社會行為等負面事件時，應避免使用歧視性文字或身體及心理特徵，以標籤化身心障礙者。

4.新聞報導應儘量讓閱聽大眾正確認識並接納身心障礙者，並應避免將身心障礙者新聞，透過剪輯或其他報導方式影射精神疾病的危險性或身心障礙者的負面刻板印象。

5.新聞媒體應避免處理歧視、嘲笑、偏見、侮辱、仇恨、惡意中傷身心障礙者的素材。

其實前述五點與下列所述一般新聞在處理時，應注意的原則並無二致：

1.站在「大眾」立場，而不是「分眾」或「小眾」。

2.不要只是播出「現象」，而未探究原因。

3.不要違反真實與平衡原則。

4.統計資料應謹慎及正確解讀。

5.採用真實與正確的資訊來源。

6.避免報導將犯罪者「英雄化」，身障者「妖魔化」。

然而，在他律法規及自律原則雙管齊下的情形下，身心障礙人士受大眾傳播媒體歧視偏見以致引起的抗議事件，仍時有可聞，例如：2006 年 8 月 15 日的台北街頭男子連續傷人事件，媒體以未經查證及確認病史的情形下，任意寫下：「台北街頭上午驚傳瘋子亂刺路人事件」、「精神異常男子沿街瘋狂殺人　四路人受傷一人命危」、「精神異常男子砍傷路人　四人受傷一命危」等標題及內文，引發康復之友聯盟、智障者家長總會及台灣媒體觀察基金會等團體之抗議，因事實上，在 2006 年 4 月，這些團體才在抗議其他不公新聞處理後，與衛星廣播電視事業商業同業公會，將前述的相關他律法規與自律原則明定於「衛星電視公會新聞自律執行綱要」中。再如 2007 年 3 月 17 日，震驚社會的高速公路劫

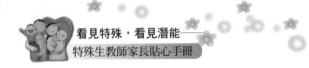

槍劫車案，警方誤逮捕持有身障手冊的陳榮吉為嫌犯，因其無法為完全之陳述，且無律師及社工在旁協助，訊問完後警方逕自宣布破案，雖事後證明是一烏龍事件，然對身障人士之污名化事件已又添一樁。而近如 2008 年 10 月 18 日，登上各大報社會版及電視社會新聞的「老師綁學生，如廁像遛狗／學生過動，出自善意」之事件，標題及內文亦是在未經查證及確認病史下，不斷影射該男童是過動症，所以遭此對待，而事實上被綁的學生經家長帶至醫院兒童心智科診斷，確認該名學生並無過動症之情形。

所以即使經過長久的努力，身心障礙者在大眾傳播媒體基本人權保護方面，仍未能確實落實到第一線的執行者理念中，人們需要去深切體認「不同不代表異常」的觀念，其實每個人都不同，但如同動物保育學家珍古德曾說過：

> 「我們每一個都重要；
> 我們每一個都扮演著自己的角色；
> 我們每一個都足以締造不同！」

請注意到其「萬物平等」概念，因她是用「每一個」，而非「每一個人」，每一個都有自己獨特的存在價值，所以看見每一個的特殊，也就看見每一個的潛能！每一個都需要被尊重！

9 身心障礙者傳播媒體人權
——我們可以做什麼？

　　一般來說，在台灣身心障礙族群僅占全人口近 5%，但根據聯合國 WPA 組織（The World Programme of Action Concerning Disabled Persons）早在 1988 年的統計，在世界大多數國家中，至少會有近四分之一的人口受到身心障礙族群的影響。所以在身心障礙者傳播媒體人權上，我們可以有兩種觀點：

　　1.身心障礙者也是傳播媒體的主要客戶群，而非如我們想像是弱小及邊緣的一群。

　　2.生活中伴隨某部分的障礙，其實是一種普遍的現象。

　　身心障礙者常被認為，應對他們每日所遭遇的生活困難負責，但也許我們更該檢討的是，這個有障礙的環境，以及社會上傳播媒體所塑造的心理接納障礙，更該為身心障礙者每日所遇到的生活問題負責。看待身心障礙者，應是先看到一個人，他可以如何自在且尊嚴的活在社會裡，而非看他的障礙。他的障礙應被視為某種個人的生活功能限制或是機會侷限，使得他無法在齊頭式平等下，過一般的正常生活。他們就是一般人，所憂所愁、成長曲線、愛恨情緒，全跟一般人的常模是一致的，只是他們的生活常軌，有的會較早終止發展，有的會需要繞道而行，所以他們需要的是立足點的平等，需要傳播媒體協助社會大眾去瞭解他們。身心障礙者應被視為有特殊養育、學習、醫療、就業需求的一般人，

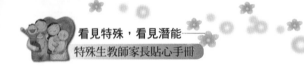
身心障礙者應被理解為缺乏適當的設備及政策，以致於無法完全融入社會生活的一般人，他們就如同一般人，只是具有相當大的異質性，有相當範圍的事是他們「能做」以及「不能做」的。如果身心障礙者會被看成跟一般人不同，那最大的不同便是因為，我們被教育成只看他們的「不能」。其實不同不代表異常，就如同特殊不代表無能。所以大眾傳播媒體可以協助大眾由事實層面去「瞭解」身心障礙者，而非以給予專有名詞式的「標籤」身心障礙者為弱者或英雄。因為瞭解，所以關懷，協助社會大眾在看見特殊的同時，也就看見各種潛能的發展，社會大眾也才能真正對身心障礙者投以正向態度！

　　基於以上觀點，大眾傳播媒體在協助社會大眾瞭解身心障礙者時，可以更注意下列事項：

　　1.事實陳述，中性陳述，個別陳述：在報導時，使用中性且無價值判斷方式陳述事實，例如：「輪椅使用者」會比「出門必須依賴輪椅」要好；「學生伴隨學習障礙問題」會比「學習障礙學生」要好；「明華有妥瑞氏症問題，他的生活情形是……」會比「妥瑞氏症族群的生活情形是……」要好。

　　2.以人為優先，而非以問題為優先的寫法：協助閱聽人先注意到「人」，而非以「問題」或「障礙」，也就是所謂的「Put the person first」，這就如同在性別教育中，我們會希望孩子的思考會是先做「人」，再做「男人」或「女人」；輔導理論中會先要我們看一個「人」的問題，而非一個「單親兒童」的問題。若是先看問題，而忽略了人的異質性及其基本人權，便易落入該問題的傳統印象窠臼中，而失掉了報導的客觀性。所以在特殊教育中，

以人為優先是一個非常重要的觀點；以英文來說，會是「persons with disabilities」而非「disabled people」，這在中文的文字呈現時會有其困難性，例如：「身心障礙學生」可能會比「學生伴隨身心障礙問題」來得順口，故而我們在報導內容中，更要注意協助閱聽人先注意到「人」，而非先注意「問題」或「障礙」的原則。

3.報導或發稿前，確認自己的呈現內容真實且平衡：確認自己的呈現內容是真實且客觀的在報導當事人的情況與感受，是單一個案報導而非類化整體現象。確認自己訪問了當事人或當事人的其他重要顯著他人，而非揣測的傳統形象或假設。確認自己的寫法為描述人、事、時、地、物，陳述事實的新聞報導寫法，而非投注個人觀點，妖魔化或是英雄化當事人。

4.多使用解決問題途徑的報導方式：報導內容呈現前，請盡可能訪問到本人、相同類別的身心障礙者或是相關的學者專家，如此可以協助我們的報導更精確貼近當事人真正感受，也較能以正向方式呈現「how」的解決問題途徑，協助閱聽人瞭解身心障礙者的特殊需求，而非僅呈現「why」的問題。所以我們可能不是問：視障者為何會較自我中心？為何活動範圍狹窄？而應問：如何才能協助他們走出來？協助閱聽人瞭解非視障者天生活動範圍狹窄，而是沒有友善的無障礙環境協助他們走出來，例如：我們的商店走道會有高低落差，經常擺滿雜物，不利導盲杖使用者；紅綠燈路口人車不守規則者多，且無紅綠燈號音響提示，對視障者而言真的是馬路如虎口；導盲磚常被汽機車占用，鋪設者常有虛應故事的心態，故而導盲磚常通往關閉的門或是水溝等危險地點，視障界有句玩笑話，或許可反映外在環境對視障者活動範圍的限制，

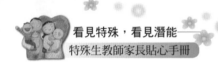
就是「想自殺就跟著導盲磚走」！常在作特教校園無障礙環境評鑑時，若提到學校無障礙坡道不合規定，行政人員會告訴我：「我們學校今年沒有坐輪椅的學生！」但也許我們該換個角度思考，是否學校無障礙坡道不合規定，致使使用輪椅者無法前來就讀；又或者今年沒有這類學生，那明年會不會有呢？學生運動受傷暫時成為輪椅使用者，又該如何處理呢？而更該思考的或許是，無障礙環境是基本人權的體現，亦即人人皆應有行動自由，無障礙環境非身心障礙者的特權，而是步入老年化社會，每個人都會用到。

在前面提了這麼多，其實大眾傳播媒體對身心障礙者只要做到最基本的客觀、公正與真實，就能提供相對公平的機會，讓身心障礙者融入主流社會。所以我誠心希望，大眾傳播媒體除了多僱用身心障礙者，藉由他們本身的一手經驗以協助報導內容更真實客觀外，更期盼能將身心障礙者相關知能納入員工訓練的例行活動，促使大眾傳播媒體從業人員對身心障礙者能有更深層的瞭解與關懷，同時明白他們的工作對身心障礙者尊嚴生活的重要性。

10 看電視會學壞嗎？
——論兒童媒體教育之推展

　　記得很久很久以前，也就是我所成長的年代，那時候天是藍的、水是綠的、農作物是長在地裡的、豬肉是可以放心吃的、談戀愛是為了要結婚的、孩子的爸爸是清楚的、未婚懷孕是不能說的、網路一夜情是不存在的、寒暑假過後是沒有墮胎潮的……。那時候最刺激香豔的電影鏡頭，是在流行的三廳電影裡，林青霞與秦漢將吻而未吻的那一刻，都是電影的鏡頭借位，所以看不到男女主角四唇相接，「相濡以沫」的情形，但已夠台下觀眾陶醉不已！

　　現在的電影及電視等媒體的內容，可能會讓教師及家長不安程度升高許多，平常在國中小參與各項活動時，常會遇到孩子反應：「爸爸媽媽說看電視會學壞！」、「電視上很多都是騙人的！」、「他學變形金剛亂打我！」、「我要像蜘蛛人一樣吐絲！」等言論。我在大學開設偏差行為與性格異常的課程，為讓學生明白大眾傳播媒體形塑行為功能的強大力量，於是我請學生分成四組，第一組分別在早上六點半至七點半間、中午十一點半至十二點半間、晚間六至九點間，拿電視遙控器每五分鐘轉一次台，監看任何暴力、犯罪及色情鏡頭；第二組則是每天檢視各大報紙一個星期，涵蓋求職廣告；第三組則是檢視國中小學生常上的網路內容；第四組則檢視租書店中十八禁以外的言情小說、網

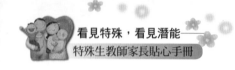

路小說及漫畫內容。

　　每次上台報告的學生，雖是新新人類，卻也不禁驚嘆在媒體上，暴力、犯罪及色情鏡頭與情節竟是如此氾濫。電視組的幾乎在每一時段皆能見到暴力、犯罪及色情鏡頭，連電視新聞亦不能倖免；卡通影片中暴力及毆打情節更是普遍，生命價值輕如鴻毛。報紙組則提到各大報紙社會新聞聳動，但常常是各家媒體細節不一，有時連名字皆登錯，可見媒體求證作業之未盡職守；徵人廣告若不仔細分辨，很容易掉入文字陷阱，例如：一般月入 23,000元的科學園區作業員，須至少高中職或大學畢業、須能吃苦耐勞、須能配合四班二輪制；但徵俱樂部服務員，則會寫上：「免經驗，工作輕鬆，純聊天，日領，至少月入十萬」。網路組報告時，以暴力、犯罪及色情情節「罄竹難書」做為結語。而租書店組則驚訝發現，暴力、犯罪及色情情節在言情及網路小說內，如家常便飯，連漫畫亦不能倖免，同時暴力、犯罪及色情情節愈多者，出租率愈高。四組同學討論時，皆對自己日後從事教職須與媒體拔河競賽，教導學生善良品行及正確觀念一事憂心忡忡，也大半對自己能拔河勝利表示沒信心。

　　而為讓特教系學生瞭解，除了暴力、犯罪及色情外，我們還須知道大眾傳播媒體如何處理身障人士的相關新聞，除了提示相關大眾傳播媒體守則外，我要他們如前述分組去分析各種不同的大眾傳播媒體所傳遞的理念，是否能將身障人士視為一般人，不必特別悲情，不必特別強壯，只要正常的出現，能呈現「不同代表尊重的必要，不同不代表異常的生活型態」，如同視力已接近全盲的現任英國首相布朗所說：「讓我們能自在生活，成就人

生。」結果同學大半反應找不到相關資料會如此呈現，反而反應出大眾傳播媒體大多會將身障人士妖魔化或是英雄化，甚至易將不相干的事件冠上身障的標題，也易因媒體從業人員特教知能之缺乏，而做錯誤報導，例如：報導某明星因情傷以致「罹患自閉症」，或是在南投縣經營機車行，殺害女保險員的陳○○是因小時候學習的挫折感導致學習障礙，以致於會在殺人後吃人肉⋯⋯等偏離事實甚遠的內容。

　　大眾傳播媒體已成為現代生活重要的資訊來源，其內容會影響孩子的思考及看世界的方式，當孩子看電視及上網時間比在校時間長時，即已宣告大眾傳播媒體世代的來臨。根據 2005 年台灣兒童傳播權調查報告，近三成的台灣學生每天看電視三小時以上，一成三的學生甚至高於五小時以上。在地狹人稠，教育體系較不重視從小培養孩子終生休閒活動及運動習慣的台灣，看電視及上網已成為兒童最主要的休閒活動，台灣教師要扭轉這股潮流，無異螳臂擋車；所以我覺得，從小教育閱聽大眾的分辨力是很重要的，當閱聽大眾有分辨差異能力及批判思考能力，而非全盤接收、隨之起舞時，大眾傳播媒體自然會受到約制。當英、美、法及加拿大等國皆已大力推動媒體教育時，我很高興在 2008 年 11 月 20 日的晚報上，看到教育部次長呂木琳主持的「看媒體、讀媒體、作媒體──國民中小學媒體素養教育推廣計畫」啟動典禮上，宣布將為中小學教師編一本《媒體識讀教學手冊》，教導學生解讀大眾傳播媒體，也預計在 2011 年後，將媒體素養納入九年一貫課綱，預計將融入社會及綜合活動等課程中。

　　媒體教育課程在不同國家，有不同的存在型態，以具代表性

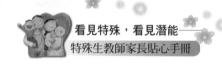
的英美為例，英國電視生態長期是在公共電視制度下運作，其所推行的媒體教育是由教育體制內所引發的運動，較由下而上推行，現今已將媒體教育納入正規的教育課程，同時在師資、教材及相關訓練皆由教育行政體系專司其職。美國電視生態則是長期在商業制度下運作，政府由上而下規劃媒體教育，教育當局認為讓小朋友具批判思考能力，是兒童媒體教育工作的重點之一，做法為有系統的培養由兒童至成人的電視批判觀看技巧，以及解讀電視的能力，並強調此為兒童至成人均需擁有的基本能力。但在初期，因其由上而下推動，一般教師並不能體會媒體教育課程的重要性，導致在推行上發生阻礙。觀看台灣近期的政策思維，似欲取兩國之長發展我國的媒體教育課程，但我要更呼籲以下三點的重要性：

1.推展媒體教育需有專責單位及經費，方能永續經營。

2.媒體教育課程應納入師資養成課程，日後能有專門的師資培育。

3.在媒體教育課程中，應加強針對培養長期遭忽視或扭曲之性別與弱勢族群，其呈現內容之批判思考能力，以導正視聽。

11 菲爾普斯的啟示
——做最好的自己

　　自從第 29 屆北京奧運中，美國泳將菲爾普斯「水中超人　曾是過動兒」的消息傳出後，激勵了許多在台灣以「社團法人台灣赤子心過動症協會」為首的過動症家長們——菲爾普斯光榮的締造了 112 年奧運史上，單屆最多金牌（共八面）的紀錄。

　　依現今醫院及教育系統皆使用的 DSM-IV 手冊報告指出，過動症學齡兒童盛行率約 3%～5%，台灣地區國中小階段注意力缺陷過動症學生應有 82,532～137,554 人左右。但依目前在台灣國民教育階段（含國小及國中）學生總人數為 2,751,078 人，身心障礙學生人數在教育部特教通報網上登記人數為 59,252 人，嚴重情緒障礙學生數（含注意力缺陷過動症）為 1,860 人，僅占所有學齡兒童比例的 0.00676%，占身心障礙學生比例的 3.139%。在台灣，通報率與發現率落差非常之大，因此可斷言尚有許多的「菲爾普斯」還未被診斷鑑定，且未能得到其需求之服務，也失掉了做最好自己的權利！

　　除了菲爾普斯的正向例子，過動症兒童在負向上的統計資料亦不少，例如：容易因不專注成為教師班級經營的主要問題、易有低自尊、低自制力、高中輟率、高行為偏差率等，此在在都有引發高風險的可能；因此，要讓過動症學童成為菲爾普斯，還是成為社會的又一隱憂，端看我們大人怎麼做。

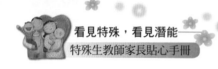

　　很欣賞菲爾普斯的媽媽，她總是詢問質疑或抱怨菲爾普斯的人：「那麼你打算怎麼幫助他？」也就是我們所謂的問：「How to do?」這比問：「Why?」要更重要。菲爾普斯靠「嚴格的時間表和游泳」及「成就心中所想」的信念而成功。亦即規律的生活時間表、結構式學習，與循序漸進的學習步驟分析，加上正向心理的暗示指導語，以避免孩子長期在不友善的學習環境中產生習得的無助感，同時再加上足夠的運動量以宣洩過多精力。前者可藉由訓練家長及老師有正確的教學及輔導信念而達成，然在地狹人稠且注重升學靜態課程的台灣，要讓過動症兒童有足夠的活動時間與空間，恐怕大家都得再加把勁。號稱海洋立國的我們，其實應更注重水上運動的培養，打造更友善的校園遊樂空間，讓孩子玩出大能力，找出更多隱性的「菲爾普斯」！

　　面對過動症，教育部特教小組及社團法人台灣赤子心過動症協會，這幾年來非常努力的做資源整合，也努力想讓九年義務教育對過動症兒童而言是有效教學，故而除了資源班的普設外，《完成國民教育身心障礙學生升學輔導辦法》第 3 條規定：「身心障礙學生參加高級中等學校申請入學、甄選入學或登記分發入學者，其國民中學學生基本學力測驗成績或經中央主管機關專案核准之直轄市、縣（市）主管機關所辦入學測驗成績，以加總分百分之二十五計算。身心障礙學生參加專科學校五年制免試入學外之各類方式入學者，其國民中學學生基本學力測驗、經中央主管機關專案核准之直轄市、縣（市）主管機關所辦入學測驗成績，以加總分百分之二十五計算；或依各區招生委員會決議之其他優待方式辦理。達前二項錄取標準者於學校原核定之各招生方式所定名

額分別外加百分之二。但成績總分同分者，增額錄取。參加高級中等學校甄選入學者，其第二階段非學科測驗分數，亦以加總分百分之二十五計算。」

　　其實對特殊教育而言，看見特殊，也就看見潛能。若能輔以藥物及學習行為輔導，其實過動症學生在創意性與體力需求性行業上發光發熱的不少，例如：演藝、園藝、家政、觀光旅遊、遊戲軟體程式設計師、海軍陸戰隊、運動選手等。放對位置，就是人才，如同菲爾普斯所說：「我不想成為史畢茲（Mark Spitz）第二，而是當菲爾普斯（Michael Phelps）第一！」讓我們跟孩子創造雙贏，也營造環境讓每一個孩子都能做最好的自己！

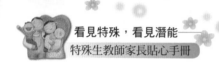

12 不同不代表異常，不同代表需要被理解

　　日本作者落合綠所寫的《十人十色的小青蛙——理解需要特別對待的孩子們》一書，書名中的「十人十色」一詞是日本的諺語，意思是說每一個人都有屬於自己的獨特性，每個孩子都有屬於自己的不同光采，就如同台灣俗諺所稱：「每人頭上一片天」。生而為人的最大權利，其實就是做自己，做獨特且是最好的自己，才是我們送給自己人生最好的禮物！但有特殊學習需要的孩子，卻常被迫要在扭曲且缺少接納的環境氣氛中成長，九年義務教育對我們的孩子而言有時是無效的教學。我常會跟現場教學的普通班老師開玩笑，如果我們每天到校都是為了襯托別人功課好、是義務的長年啦啦隊、聽不懂也要聽、看不懂眼睛也要看老師，隨著日益加重的學習挫折感，我們的孩子卻很少被理解，反被要求要愈來愈熱愛學習、尊敬老師、友愛同學，這就形同是被判了九年有期徒刑，而且是不得假釋。在特教領域日益強調融合教育的今日，有特殊學習需要的孩子，要求的不再僅是生理上的回歸主流，而應該是配合全方位的課程設計，能真正提供我們孩子適性教育，讓每一個人都能做最好自己的融合教育！

　　《十人十色的小青蛙——理解需要特別對待的孩子們》一書，是我在特教領域多年，在一堆學術專業書籍中，難得發現企圖引導社會大眾瞭解何謂「融合教育」，何謂有特殊學習需要的孩子

的書，該書有幾個特點：(1)內容淺顯易懂，採繪本方式呈現，適合用於課堂上討論融合教育時，做為入門書，讓普通孩子學會接納與幫助有特殊學習需要的孩子；(2)討論涵蓋面廣，涵蓋有發展遲緩、自閉症、學習障礙、注意力缺陷過動症等，幾乎涵蓋現今校園中常見的有特殊學習需要孩子的類別，可使家長與普通班老師能對有特殊學習需要孩子有一個通盤且快速的認識，落實融合教育的實施；(3)能兼顧實務面，融合教育過程最讓家長及老師感到困擾的便是，有特殊學習需要孩子的學校適應，此書中針對每類孩子所提出的建議對待或處理方式，皆實際可行；(4)附錄的解說部分針對理論探討，讓想更深入瞭解各類別有特殊學習需要孩子的讀者，也能一窺堂奧，雖然有些部分引用的是日本的特殊教育定義。

　　課堂教學時的判斷往往是即時的，然而課堂教學的「即時錯誤」卻往往無立即危險，且證據常會稍縱即逝；故而教師在第一現場的第一時間，若能做出最正確的專業判斷，著實是學生之福！但因不瞭解，看來正常卻無法適應一般學習環境的學障孩子，卻往往會被認為是愚笨或懶惰的學生；動個不停與思想衝動的注意力缺陷過動症的孩子，會被視為有意搗蛋；不善察言觀色與處理人際關係的亞斯伯格症，孩子會被稱為白目與自私。然而，若我們看孩子的角度不同，觀念一轉，則可能會有截然不同的結果；就如同身處沙漠中，你是看見滿天繁星，還是只見到遍地黃沙！其實對特教人而言，沒有所謂真正好的教育環境或壞的教育環境，只要學習風格與教育風格能契合，亦即所謂的適性，即是好的教育環境。每個優點的反面其實是缺點，反之亦然，就像我們說一

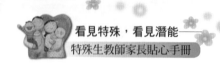
個四年級的孩子每次數學考零分是缺點，但若從反向角度看，這個每次考零分的孩子其實抗壓性很強，因為他每次考零分，還每次都來考，從未缺席；而這孩子也應是一個誠實的孩子，從未塗改或作弊，才會每次考零分；另外，這孩子成績的進步空間很大。所以如果我們針對孩子的數學學習起點能力，每天請他做五題數學，他只要答應，就一定會做，因為他誠實；四年級做一年級的數學不會覺得丟臉，因為他抗壓性強；為什麼做了一定會有進步？因為他的成績已經退無可退，只剩進步的空間了。又例如：一個每天準時到校打架的孩子，缺點是情緒管理出了問題，且同時在言語溝通能力上需再訓練，因通常吵架吵輸的孩子才會打架，如同俚語所說：「氣到說不出話來」，所以只好動手洩憤；然而這樣孩子的優點可能是有時間觀念、熱愛與人互動、粗大與精細動作發展良好，所以我們可以好好想想，校內有什麼課程與活動是時間固定、規則明確、有清楚的的行為與結果關係，不太需要語言卻需要身體發育良好的，也許是體育課、運動團隊及社團活動（例如：拳擊、太鼓、街舞等）等，會是改變孩子的契機！

我希望透過此書，身為家長與教師的，能對孩子行為背後的真意有所認知，因為瞭解，我們才能真正關懷有特殊學習需要的孩子，他們要的不是同情與憐憫，而是教育與尊嚴；透過瞭解，我們可以看見孩子的不同，以及他們的特殊，在瞭解之後，正是開發潛能之所在。在《十人十色的小青蛙──理解需要特別對待的孩子們》一書中，透過可愛的青蛙由蝌蚪蛻變的過程，呈現各種有特殊學習需要孩子的想法、行為、困境與適當的相處方式，作者的目的是希望增加這些孩子在上學的日子中，感受到「今天

真快樂」。動作協調有問題的蝌蚪，建議在跳上樹葉之前，先用梯子練習，這樣才能知道腳的移動方式；記不住詞彙的孩子，就多創造些教材與教法，融合記憶策略來教他。作者認為，「教他適合自己的方式，學習的效果一定會更好」；這些詞句讀來令人既感動又感傷，感動的是跨越國界，特教理念如此相似，我們的快樂不是來自於得天下英才而教之，而是來自於別人教不會的孩子，我們能教會；來自於教師節時收到寫字障礙的孩子寄來全無錯字的敬師卡；來自於自閉症孩子終於開口說的：「老師好！」感傷的是，直到這些年來才慢慢有人正視融合教育，對有特殊學習需要的孩子而言，這些看似基本人權的教育目標，卻走得如此漫長而辛苦；正如同有著嚴重數位落差世界的今日，能自由使用電腦與無法使用電腦者間，所享有資源的落差日益擴大卻不易察覺。好的教育體系支持與沒有好的教育體系支持，其差別會使智力正常、充滿潛能，卻無法經由正常管道學習的孩子，其形成每天差一點，未來差很多的情形，然而這種落差的形成，也是在大眾沒有融合教育概念，不易察覺的日積月累情形下所形成。

也許我們會自問，為何需要協助有特殊學習需要孩子開發潛能？因為協助有特殊學習需要孩子開發潛能，可能是最具邊際效益的教育投資。清洗牆壁時，該由上而下？還是由下而上？這個觀察點讓美國一家不起眼的清潔公司後來成為知名的跨國企業，關鍵就在於用心觀察與思考並付諸實行。就如同現今 7-11 改變我們購物的方式、Starbucks 改變我們喝的習慣、McDonalds 改變我們吃的模式，一個用心的小點子常會造成我們生活的巨大改變；其實在面對有特殊學習需要孩子的教學，亦是如此。常會遇到許多

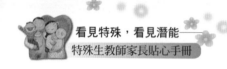
教師告訴我：「我不是學特殊教育的，所以不知道要怎麼對待班上的有特殊學習需要的孩子！」教學是一種藝術，只要用心，先看到要教的人，而非其障礙，孩子就是一個孩子，而不是特定的「身心障礙」孩子，如此我們就不會被其障礙的迷思困住了，而會針對其在學習上的問題去解決。

我們常會用表面的學習特徵，來說誰是有特殊學習需要孩子，例如：跟不上進度、不適應環境、不會操作教具等。其實如果問：「教育的主體是什麼？」很多人會回答：「學生」，而如果教育的主體是學生，而非進度、環境、教具等，教育本就應適性而為，也就無所謂身心障礙的問題了。期待能跟更多人分享《十人十色的小青蛙——理解需要特別對待的孩子們》一書，期待不再看到因不被瞭解而受到誤解的有特殊學習需要孩子，也盼望看到有特殊學習需要的孩子，在找到自己的潛能學習管道後，所散發出的光與熱！

附錄　DSM-5 診斷標準——
注意力缺陷過動症與學習障礙

壹、注意力缺陷過動症

(一) 診斷標準（APA, 2013, pp. 59-60）

A.一個持續注意力缺陷和／或過動—衝動的模式，妨礙其功能或發展，特徵如下列 1.和／或 2.。

1. 注意力缺陷（Inattention）

下列九項注意力缺陷症狀中至少出現六項，且持續六個月以上，有適應不良現象，且其表現未達應有之發展階段，同時對於社交和學業／職業的活動有直接負面影響。

註：這些症狀並非單獨地顯示出對立、反抗、敵意，或是失敗於了解作業或是教學過程中。對於青年或是成年（指十七歲或是年齡更大），則必須至少符合五項症狀。

a. 經常缺乏對細節的專注，或在學校功課、工作或其他活動中粗心犯錯（例如：忽視或錯失細節）。

b. 經常在做作業或遊戲活動時不能專注持久（例如：在上課時無法持續專注聆聽）。

c. 經常有聽而不聞的現象（例如：即使在無明顯分散注意源的情形下，亦會呈現心不在焉的現象）。

d. 常常不聽從指示，因而無法完成學校功課、雜務或該做的事（例如：可以開始工作，但會迅速失焦或分心）。

e. 對於完成需要組織或按照順序的工作或活動有困難（例如：在安排順序性的工作上有困難、在物歸其位上有困難、在時間管理上極差、無法如期完成工作等）。

f. 常常逃避、厭惡或是抗拒需要持續專心的事物（例如：學校作業、家事等）。

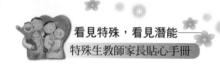

g. 常弄丟工作或活動的必要物品（例如：家庭聯絡簿、鉛筆、課本、用具、鑰匙、眼鏡、手機等）。

h. 經常因為外界刺激而分心（對於青年或成年則可能包含無關的想法）。

i. 健忘（例如：經常忘記做家事、幫忙跑腿；對於青年或成年則是忘記回電話、付帳單和定時約會）。

2. 過動和衝動

下列九項過動／衝動症狀中至少出現六項，且持續六個月以上，有適應不良現象，其表現未達應有之發展階段，同時對於社交和學業／職業的活動有直接負面影響。

註：這些症狀並非單獨地顯示出對立、反抗、敵意，或是失敗於了解作業或是教學過程中。對於青年或是成年（指十七歲或是年齡更大），則必須至少符合五項症狀。

a. 經常坐立難安，手腳動來動去，或是身體在座位上扭動不停。

b. 經常在需要保持坐在位子的情形下離開座位（例如：在教室中離開自己座位）。

c. 經常在不適當的情境下過度跑來跑去或爬上爬下（註：在青年或成年可能因為被限制而感到焦躁不安）。

d. 經常不能好好的玩或是安靜地從事休閒活動。

e. 舉止彷彿裝上馬達一般，沒有辦法持續做一件事而換來換去（例如：不能夠持續的或是舒適的保持安靜，當在餐廳、會議中，可能令他人感受到的是焦躁不安，或是很難跟上進度）。

f. 經常多話。

g. 經常在問題講完前搶著說出答案（例如：接著說完別人的句子；在對話中無法等待輪到他說）。

h. 經常在需輪流的團體活動或遊戲中不能等待（例如：當排

隊等待時）。

　　i. 常常打斷或干擾別人（例如：干擾對話、遊戲或是活動；可能未經過詢問或得到允許就使用他人物品；對於青年或成年可能是干擾或指責別人做的事情）。

B.數種注意力不足或過動—衝動的症狀會發在十二歲之前。

C.數種注意力不足或過動—衝動的症狀發生於兩種或兩種以上的情境（例如：在家、學校、或工作中；和朋友或其他親屬相處；在其他的活動裡）。

D.有明確證據顯示這些症狀會對社交、學業或是職業功能，造成妨礙或降低品質。

E.這些症狀非發現於精神分裂症或另一個精神病的病程，同時也不能用其他精神疾病的診斷做解釋（例如：情感性疾患、焦慮症、解離症、人格疾患、物質成癮或戒斷）。

（二）亞型（APA, 2013, p. 67）

1. 合併型 314.01/F90.2：若同時符合準則A1（注意力缺乏）和準則 A2（過動—衝動）並持續六個月。

2. 主要為注意力缺失型 314.00/F90.0：若符合準則A1（注意力缺乏）但未符合準則 A2（過動—衝動）並持續六個月。

3. 主要為過動—衝動型 314.01/F90.1：若符合準則A2（過動—衝動）但未符合準則 A1（注意力缺乏）並持續六個月。

（三）嚴重程度分類（APA, 2013, pp. 60-61）

1. 輕度：較少、即使有出現症狀超過這些診斷準則要求的標準，這些症狀的結果也不再或輕微造成社會或職業功能的損傷。

2. 中度：症狀或功能損傷呈現介於輕度和重度之間。

3. 重度：許多症狀超過這些診斷準則要求的標準，或好幾種症狀特別嚴重、呈現，或是症狀結果有明顯損傷在社會或職業功能。

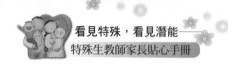

(四) 盛行率（APA, 2013, p. 61）

　　人口調查的推估中，ADHD 在大部分的文化中，孩童的發生率約為 5%而成人則約為 2.5%。

(五) 發展與進程（APA, 2013, p. 62）

　　許多父母會在當孩子正在學走路時第一次觀察到過度的動作活動，但這些症狀很難在四歲前高度變化的正常行為做區分，ADHD 大部分通常在國小階段被辨識出來，而且注意力缺失變得較為顯著和嚴重。該疾患到了青春期階段是比較穩定的，但有些個案具有反社會行為的惡化過程發展。大部分具有 ADHD 的個案在青少年和成人階段其動作的過動症狀會變得較不明顯，但會在不安定、不專注、缺乏計畫和持續衝動上出現困難，有相當比例的 ADHD 兒童仍舊出現較重的障礙直到成人。

　　在學前階段，主要明顯的是過動行為，注意力缺失在國小階段才會變得較為顯著；青少年階段過動的症狀（例如：跑和爬）變得較不常見，而且坐立不安或是內在焦躁不安、不安分或急躁感的情形較受約束。在成人階段，除了注意力缺失和不安定之外，衝動可能會持續出現問題，即使當過動症狀已經減緩。

貳、學習障礙

(一) 診斷標準（APA, 2013, pp. 66-67）

A.在學習和使用學業技巧上有困難，至少出現下列所指出的症狀之一，並且持續至少六個月，儘管提供一般教育介入後仍出現明顯的困難：

　　1. 不正確或讀字緩慢、費力（例如：不正確地大聲讀單字，或緩慢且遲疑、很頻繁的猜測生字，讀出生字會有困難）。

2. 對於瞭解閱讀內容的意義具有困難（例如：可能可以正確讀文本但不理解其中的順序、關係、影響，或閱讀內容的深層涵義）。

3. 拼字困難（例如：可能會增加、省略或替代母音或子音）。

4. 書寫表達困難（例如：造句時會有使用文法或標點的多重錯誤；段落組織運用貧乏；缺乏清晰想法的書寫表達）。

5. 精熟數感、數的實際法則或計算上具有困難（例如：缺乏對數字大小或關係的瞭解；對於個位數加法仍用手指數算，無法像同儕採用回憶算術定理的方式計算；在數學計算過程中出現錯誤，也可能在轉換過程中錯誤）。

6. 數學推理困難（例如：對於應用數學概念、公式或過程有嚴重的困難，尤其在解決量的問題時）。

B.會實質的影響學業技巧，成就表現遠低於對個別實際年齡所預期應有的水準，同時造成顯著妨礙其學業或職業成就，或是日常生活活動，藉由個別地實施標準化成就測驗和完整臨床診斷測驗作評量。針對十七歲以上的個人，學習困難或妨礙的歷程檔案可以用來替代標準化測驗。

C.該學習困難開始於就學期間但可能不會完全的顯現出來，直到被影響的學業技巧要求超過個別原本有限的能力（例如：在限時的測驗中，在緊湊的時限中需閱讀或書寫較長且複雜的報告，過重的學業負荷等）。

D.該學習困難不能以智能障礙、未經矯治的視覺或聽覺能力、其他心智或神經系統疾患、心理創傷做更好的描述，非文化刺激不足或是教學不當所造成。

註：上述四項診斷標準必須符合個人過去臨床完整歷程的綜合資料（發展的、醫學的、家庭的、教育的）、學校報告和教育心理評量。

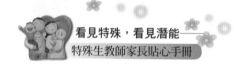

(二) **亞型**（APA, 2013, p. 67）

1. 在閱讀能力具有障礙 315.00（F81.0）：(1)文字閱讀正確度；(2)閱讀速度或流暢度；(3)閱讀理解（註：通常針對文字閱讀速度與流暢度、文字解碼能力及拼字能力均差的個案，有另一個名詞 "Dyslexia" 來統稱這種類型個案，他們通常亦會伴隨閱讀障礙或是數學推理困難）。

2. 在書寫表達具有障礙 315.2（F81.1）：(1)拼字正確度；(2)文法和標點正確度；(3)書寫表達組織性或是精確性。

3. 在數學具有障礙 315.1（F81.2）：(1)數感；(2)算數實際法則的記憶；(3)正確或流暢的計算；(4)正確的數學推理正確性（註：通常針對數字處理、數學公式學習、數學計算正確性與流暢性能力均差的個案，有另一個名詞 "Dyscalculia" 來統稱這種類型個案，他們通常亦會伴隨數學推理困難或是識字障礙）。

(三) **嚴重程度分類**（APA, 2013, pp. 67-68）

1. 輕度學習疾患：通常僅會在一或二個學業領域呈現學習困難，只要在學校生活中提供適性補償或支持服務即可能運作良好。

2. 中度學習疾患：通常會在一或多個學業領域呈現學習困難，在學校生活中沒有提供規律且密集的特教教學，個案無法達到精熟學習。所以適性補償或支持服務需提供在學校生活、工作場所、甚或家中，以協助個案正確或有效能的完成日常生活活動。

3. 重度學習疾患：會嚴重妨礙學業學習，在學校生活中沒有提供持續且密集的特教適性教學，個案無法學習學業技能。儘管有序列性適性補償或支持服務提供在學校生活、工作場所、甚或家中，個案仍可能無法正確或有效能的完成日常生活活動。

(四) **盛行率**（APA, 2013, p. 70）

特定式學習疾患介於閱讀、書寫和數學的學業項目的盛行率

是 5%～15%，介於不同語言文化的學齡兒童。在成人的盛行率不可得知，但大約顯示為 4%。

(五) 發展與進程（APA, 2013, pp. 70-72）

特殊學習疾患開始、辨識、診斷通常會發生在國小期間當他們被要求學習閱讀、拼字、書寫和數學學習時。然而，某些徵兆如語言遲緩或困難、押韻和計算困難，或是被要求良好的動作技能在書寫中出現困難，一般發生在進入正式學校之前的早期兒童，可能是行為的顯現（例如：勉強的參與學習、反抗的行為）。特定式學習疾患是終身的，但進程和診斷表現是具變異的，某種程度上視對環境的工作項目影響而定，個別的學習困難的範圍和嚴重程度，個別的學習能力、合併症，和可行的支持系統與介入。但是，閱讀流暢和理解、拼字、書寫表達和算術技巧在日常生活中的問題仍會持續到成年。

症狀的顯現會隨著年紀而發生改變，因此個人在一生中可能會有持續或重整轉移的學習困難。症狀的例子可能在學前的觀察出現對於需要語言聲音的遊戲（例如：重複或押韻）缺乏興趣，並且在學習童謠上出現困擾。具有學習疾患的學齡前兒童可能經常使用嬰兒語、讀錯字音，並且在記憶名字的字母、數字，或是日期有困擾。他們可能在辨識自己名字的字母出現錯誤，並在學習數字運算上出現困擾。具有學習疾患的幼兒園兒童可能無法辨識和書寫字母，像是可能無法書寫自己的名字、或可能使用自己創造的拼字。他們可能在需要切斷音節字上出現困擾（例如：cowboy 分成 cow 和 boy）並在辨認字的押韻上出現困難（例如：cat、bat、hat）。幼兒園兒童也可能在連結字母和字音上出現困擾（例

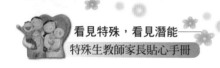
如：字母b應該要發/b/的音）並可能無法辨識在系列字串中的音韻。

　　特定式學習疾患在國小階段的兒童典型地出現明顯困難在學習字母和聲音的關連（特別是說英語的兒童），流暢的字編碼、拼字或數學公式；大聲閱讀是緩慢的，不正確而且費力，有些兒童會很掙扎在理解用口語呈現較大的數字量。國小階段兒童（一至三年級）可能持續在辨識和運用音速上出現問題，無法閱讀一般單音節的字（如同 mat 或 top），也無法辨識一般不規則拼法的字（例如：said、two）。他們可能在需要指出字和音的問題上做出閱讀錯誤（例如：big 對於 got），並且在對數字和字母排序上出現困難。他們也可能對於記憶有關加、減等的數學公式或數學運算流程出現困難，同時抱怨數學過於困難而逃避學習。特定式學習疾患兒童在國小中年級階段（四至六年級）可能錯誤發音或跳過長、多音節的字（例如：將convertible說成conible，將animal說成 aminal），並且對於相似字感到困擾（例如：tornado 混淆成volcano）。他們可能對於記住日期、名稱或是電話號碼出現困擾，並且無法在時間內完成回家作業或考試。在中年級的兒童也可能理解不足伴隨緩慢、吃力和不正確的閱讀，並且在閱讀短的功能字（例如：that、the、an、in）出現困擾。他們可能在拼字和書寫工作上顯得不足，可能在讀出正確字音的開頭後，接著幾乎用猜的（例如：讀 clover 當成 clock），同時可能表達出對大聲閱讀的害怕，或是拒絕大聲閱讀。

　　相對來說，青少年可能精熟於字的編碼，但閱讀持續緩慢、吃力，而且他們可能在閱讀理解和書寫表達顯現出明顯的問題（包括拼字的不足），同時對數學公式的缺乏精熟，或是無法解決數

學的問題。在青少年和進入成年期間，個別的學習困難可能持續造成許多拼字錯誤、閱讀單字、文章連結緩慢且十分費力，發多音節字時伴隨困擾。他們可能經常需要重讀教材來理解或取得重點，並從書寫文章中推論產生困擾。青少年和成年可能避開需要被要求閱讀或算術的活動（愉快的閱讀或閱讀的教學）。有特定式學習疾患的成人會持續有拼字問題、閱讀緩慢吃力，或是對於用數字訊息書寫成工作相關的文件出現問題和嚴重的影響。他們可能避免同時需要文件和要求閱讀或書寫的工作相關活動，或是用替代的方法去使用列印（例如：text-to-speech/speech-to-text軟體／有聲書／視聽媒體）。

　　一項替代的診斷表達可為持續終生的學習困難做定義（例如：在精熟數字感上的能力不足，或用點記數大的數量），或是缺乏對於字的辨識與拼字的熟練。通常兒童時期、青少年和成年會逃避或勉強參與需要學業技巧的活動。嚴重焦慮時期或焦慮性疾患，包含身體的抱怨或疼痛發作，通常會終其一生且伴隨這兩項的學習障礙表現的定義和範圍。

參考文獻

American Psychiatric Association [APA] (2013). *Diagnostic and statistical manual of mental disorders* (5th ed.). Washington, DC: Author.

國家圖書館出版品預行編目（CIP）資料

看見特殊，看見潛能：特殊生教師家長
貼心手冊／孟瑛如著.
-- 二版. -- 臺北市：心理, 2013. 09
面；　公分 -- （障礙教育系列；63120）

ISBN 978-986-191-557-9（平裝）

1.特殊教育　2.潛能開發　3.補救教學

529.5　　　　　　　　　　　102015144

障礙教育系列 63120

看見特殊，看見潛能：特殊生教師家長貼心手冊（第二版）

作　　　者：孟瑛如
執行編輯：陳文玲
總　編　輯：林敬堯
發　行　人：洪有義
出　版　者：心理出版社股份有限公司
地　　　址：231 新北市新店區光明街 288 號 7 樓
電　　　話：(02) 29150566
傳　　　真：(02) 29152928
郵撥帳號：19293172 心理出版社股份有限公司
網　　　址：http://www.psy.com.tw
電子信箱：psychoco@ms15.hinet.net
駐美代表：Lisa Wu（lisawu99@optonline.net）
排　版　者：辰皓國際出版製作有限公司
印　刷　者：辰皓國際出版製作有限公司
初版一刷：2010 年 1 月
二版一刷：2013 年 9 月
二版四刷：2019 年 1 月
I S B N：978-986-191-557-9
定　　　價：新台幣 250 元